STUDIA JURIDICA

XCI

S T U D I A   J U R I D I C A

XCI

Ilaria Marra

LA POLITICA SOCIALE PER L'INFANZIA ROMANA FRA AUGUSTO E COSTANTINO DALL'ESTEMPORANEITÀ ALLA NORMAZIONE

L'ORGANIZZAZIONE AMMINISTRATIVA DEI MAGISTRATI E DEGLI ADDETTI AI *CONGIARIA* PER I *PVERI* DELLA PLEBE URBANA

«L'ERMA» di BRETSCHNEIDER

Ilaria Marra
La politica sociale per l'infanzia romana
fra Augusto e Costantino dall'estemporaneità alla normazione.
L'organizzazione amministrativa dei magistrati e degli addetti ai congiaria
per i pueri *della plebe urbana*

Via Marianna Dionigi, 57 70 Enterprise Drive, Suite 2
00193 Roma Bristol, CT 06010 - USA
www.lerma.it lerma@isdistribution.com

Progetto grafico
«L'ERMA» di BRETSCHNEIDER

Sistemi di garanzia della qualità
UNI EN ISO 9001:2015

Sistemi di gestione ambientale
ISO 14001:2015

Ilaria Marra
La politica sociale per l'infanzia romana fra Augusto e Costantino dall'estemporaneità alla normazione. L'organizzazione amministrativa dei magistrati e degli addetti ai congiaria per i pueri della plebe urbana / Ilaria Marra «L'ERMA» di BRETSCHNEIDER, 2024 - 156 p. ; (Studia Juridica ; 91)

ISBN 978-88-913-3358-2 (brossura)
ISBN 978-88-913-3361-2 (PDF)
DOI 10.48255/9788891333612

CDD 349.37
1. Diritto romano

Stampato nel rispetto dell'ambiente su carta proveniente
da zone a deforestazione controllata.

Nel ricordo di mio padre
Francesco

INDICE

Capitolo I

L'età augustea
censimenti ed erogazioni

Tav. I. Augusto della via Labicana *capite uelato* come *Pontifex Maximus* e frammento dei *Fasti Cuprenses* (A. DEGRASSI, *Inscr. It.* XIII.1. *Fasti consulares et triumphales*, Roma 1947, p. 245) che commemorano il *congiarium populo* dato nel 12 a.C. dal *princeps* in occasione della sua elezione al pontificato massimo.

12 a.C. [*M. Valerius Messalla, P. Sulpicius Quirinius*]
[– – – *C. Va*]*lgius* [*Rufus*]
[– – – *C.*] *Cáninius* [*Rebilus*]
[– –] *August. L. Volusius Sa*[*turninus*]
[*Caes*]*ar pontif*(*ex*) *maxim*(*us*) *cre*[*atus est*]
[*Ide*]*m congiarium populo* [*dedit*]
[– – –]*rius M. f., P. Rupil*[*ius A.? f. IIvir*(*i*)]
11 a.C. [*Paullus Fa*]*bi*[*us Maximus, Q.*] *Aeli*[*us Tubero*]

1

Gli studi sui *congiaria* e la carenza di ricerche sulla partecipazione dei fanciulli

Il contesto dell'elargizione di *congiaria* dall'età cesariana al principato è stato ampiamente indagato sotto diversi profili, da quello storico-politico a quello sociale ed amministrativo[1], e tuttavia, sorprendentemente, le fonti sulla peculiare destinazione all'infanzia indigente della *prouidentia* imperiale sono rimaste finora del tutto escluse da uno specifico esame loro dedicato.

Stupisce inoltre che la pur nutrita letteratura sul tema generale, benché si sia avvalsa di varie rappresentazioni delle arti figurative ufficiali, dalle monete neroniane fino ai rilievi dell'Arco di Costantino, abbia ignorato un monumento privato d'importanza fondamentale tanto per la conoscenza delle origini e dello svolgimento delle operazioni di distribuzione, quanto per le epigrafi menzionanti i loro addetti e i magistrati competenti: la cosiddetta Ara degli Scribi degli edili curuli.

Si tratta in realtà di un'urna cineraria con morfologia di altare sul quale si potevano compiere libagioni, trovato a Roma nel 2000 in un colombario di età augustea sulla via Appia subito fuori dell'omonima Porta delle Mura Aureliane (oggi Porta San Sebastiano), oggi esposto al Museo Nazionale Romano delle Terme di Diocleziano[2].

---

[1] Per l'inquadramento generale dell'istituto: VAN BERCHEM, *Les distributions* 1939; ESPERANDIEU, *Congiarium* 1961, pp. 599 ss.; CARRIÉ, *Les distributions alimentaires* 1975; PENNESTRÌ, *Distribuzioni* 1989; SPINOLA, *Il* congiarium 1990; VIRLOUVET, *Tessera* 1995; LO CASCIO, *Le procedure* 1997; MANCINI, *Liberalitas Augusti* 2011; BECKMANN, *The function* 2015; sul rapporto tra *frumentationes* e *congiaria* CARDINALI, *Frumentatio* 1962, pp. 254 ss.; FEZZI, *In margine alla legislazione frumentaria* 2001; TORELLI, *Atrium Mineruae* 2004, pp. 78- 82; SORACI, *Dalle* frumentationes *alle distribuzioni di pane* 2006.

[2] Su condizioni e luogo di rinvenimento ARCIPRETE, *Uno straordinario* 2000; ROTONDI, *L'ara* 2010, pp. 137 ss.; ZEVI, *Ara* 2012, pp. 355 ss.

D'altro canto la letteratura archeologica e storico-artistica sull'Ara degli Scribi non ne ha collegato le eccezionali raffigurazioni alle fonti storiche e giuridiche e alle altre testimonianze iconografiche, che, nell'insieme, valgono a spiegarne il significato e a stabilirne, con una precisione ben maggiore di quella possibile su base stilistica, la datazione, il che mi ha consentito di riferire con certezza le modalità rappresentate nella scena di *liberalitas* al fondatore del principato.

La correlazione fra questi diversi ordini di fonti porterà a raggiungere nuovi risultati sull'organizzazione amministrativa, sulle funzioni dapprima dei magistrati repubblicani, degli addetti alle distribuzioni e quindi dei funzionari imperiali, ed infine a dipingere un più completo quadro dell'inclusione dei fanciulli e talora anche delle fanciulle nelle distribuzioni alla *plebs urbana* a partire da Augusto em attraverso i suoi successori in età claudia, antonina e severiana, fino a Costantino.

2

L'ACCESSO DEI *PVERI* AI *CONGIARIA*.

L'INNOVAZIONE AUGUSTEA DELL'ESTENSIONE AI MINORI DI UNDICI ANNI IN SVETONIO E CASSIO DIONE E IL SILENZIO DELL'*INDEX RERVM A SE GESTARVM*. LA PRESA DI COSCIENZA DEL PROBLEMA DELL'INFANZIA IN ETÀ TRAIANEO-ADRIANEA

Fra le fonti storico-letterarie, cronologicamente il primo e forse il più interessante dato è quello fornito nella *uita Augusti*, dove Svetonio attesta che il principe diede spesso *congiaria* al popolo senza escludere da tali elargizioni gli infanti in più tenera età.

> Suet., *Aug.* XLI 2: [*Augustus*] *congiaria populo frequenter dedit, sed diuersae fere summae: modo quadringenos, modo trecenos, nonnumquam ducenos quinquagenosque nummos; ac ne minores quidem pueros praeteriit, quamuis non nisi ab undecimo aetatis anno accipere consuessent.*

[Augusto] diede frequentemente congiari al popolo, ma di ammontare per lo più diverso: ora quattrocento nummi, ora trecento, qualche volta duecentocinquanta; e non tralasciò nemmmeno i bambini più piccoli, sebbene fosse consuetudine che non riscuotessero se non dall'undicesimo anno di età.

Questo passo ci fa dunque conoscere i diversi importi dei *congiaria* – non delle *frumentationes*[3] – e soprattutto, per quel che più interessa, ci informa della significativa innovazione di estendere il beneficio anche ai minori di undici anni, che prima ne restavano esclusi.

Un'ulteriore testimonianza sull'estensione dei *congiaria* augustei ai fanciulli della plebe urbana è estemporaneamente fornita anche da Cassio Dione a proposito a una distribuzione di denaro in onore di Marcello, nipote del *princeps* in quanto figlio della sorella Ottavia: in questo caso, tuttavia, non è precisata l'età dei beneficati[4].

Cass. Dio., LI 21.3: *Μετὰ δὲ τοῦτο* [*Καῖσαρ*] *τούς τε ὑποστρατήγους καὶ ἐπῄνεσε καὶ ἐτίμησεν ὥσπερ εἴθιστο, καὶ τόν τε Ἀγρίππαν ἄλλοις τέ τισι καὶ σημείῳ κυανοειδεῖ ναυκρατητικῷ προσεπεσέμνυνε, καὶ τοῖς στρατιώταις ἔδωκέ τινα· τῷ τε δήμῳ καθ'‹ἕκαστὸν› ἑκατόν* [*καθ'ἑκατὸν* codd.] *δραχμάς, προτέροις μὲν τοῖς ἐς ἄνδρας τελοῦσιν, ἔπειτα δὲ καὶ τοῖς παισὶ διὰ τὸν Μάρκελλον τὸν ἀδελφιδοῦν, διένειμε.*

---

[3] Van Berchem, *Les distributions* 1939, pp. 32-33, ritiene che il passo di Svetonio sulla vita di Augusto '*ne minores quidem pueros praeteriit, quamuis non nisi ab undecimo aetatis anno accipere consuessent*' vada riferito per una serie di ragioni alle *frumentationes* e non ai *congiaria*: egli critica che nel passo debba supplirsi ‹*congiaria*› *accipere*, come proposto nel *TLL* I col. 313 lin. 51, perché «cette adjonction syntaxique est superflue. *Accipere* doit être pris ici au sens absolu: c'est le verbe qu'on emploie toujours pour désigner la jouissance du *frumentum publicum*. *Accipere*, c'est participer à tous les bénéfices attachés à la qualité de citoyen». Sebbene debba darsi ragione a Van Berchem sul fatto che l'aggiunta del complemento diretto *congiaria* ad *accipere* sia pleonastica, ritengo inesatto riferire il verbo alle distribuzioni di frumento, per via dell'esplicito riferimento ai congiari nel periodo che lo precede: [*Augustus*] *congiaria populo frequenter dedit … ne minores quidem pueros praeteriit, quamuis non nisi ab undecimo aetatis anno accipere consuessent.* Sul significato tecnico-giuridico di *accipere* cfr. ora Laurendi, *Institutum Traiani* 2018, pp. 114-116.

[4] Cass. Dio., LI 21.3.

Dopo di ciò [*scilicet* la celebrazione di sacrifici di ringraziamento per il suo ritorno a Roma, Cesare Ottaviano] tributò lodi ed onori ai suoi luogotenenti, come si usava (fare) e ad Agrippa, oltretutto, consegnò uno stendardo blu per la vittoria navale ed ai soldati diede quanto segue: alla plebe distribuì cento dracme a testa, i primi donativi agli adulti e poi anche ai bambini, in onore del nipote Marcello.

La frase *τῷ τε δήμῳ καθ'ἑκατὸν δραχμὰς διένειμε* ... ha l'indubbio significato, si potrebbe dire intuitivamente «alla plebe distribuì cento dracme a testa», ma in verità il testo presenta un'incongruenza non da poco, nonostante la tradizione codicologica *καθ'ἑκατόν* sia unanime e non sia stata emendata: infatti, anche se *διάνειμω* regge la preposizione *κατά*, in verità ciò avviene nel significato di "dividere in", per esempio "dividere in 12 parti il territorio"[5], mentre nel significato di "distribuire a ciascuno" è indicato di norma il pronome indefinito *ἕκαστος*[6] per lo più retto da *κατά*, per l'appunto *καθ' ἕκαστον*. Sospetto pertanto che il testo originale fosse *καθ' ἕκαστον ἑκατὸν*: un copista, seguito da quelli più tardi, può aver omesso EKACTON per svista per la differenza del solo *sigma* (probabimente lunato) fra EKACTON e il susseguente EKATON, o perfino scambiandolo per una diplografia, nella (corretta e originaria) sequenza di lettere KATAEKACTONEKATON. Senza l'emendamento che qui ho proposto, tradurre "distribuì cento dracme a testa" o "distribuì a ciascuno cento dracme" diviene una forzatura grammaticale, dato che "a ciascuno" nel testo manca, e del resto il limitato importo rende inequivocabile che le cento dracme non costituissero l'intera somma del *congiarium*, ma quella individuale. Per queste ragioni propongo qui l'emendamento: *τῷ τε δήμῳ καθ'‹ἕκαστὸν› ἑκατόν δραχμάς, προτέροις μὲν τοῖς ἐς ἄνδρας τελοῦσιν, ἔπειτα δὲ καὶ τοῖς παισὶ διὰ τὸν Μάρκελλον τὸν ἀδελφιδοῦν, διένειμε.*

Venendo ora al commento del testo sotto l'aspetto giuridico, i *τέλη* sono qui da intendere come traduzione del latino *congiaria*, mentre il sostantivo *δῆμος*, usato da Cassio Dione per indicare collettivamente i beneficiari, significa in genere *populus*, ma nella versione greca della *Res Gestae Diui Augusti* è quasi sempre la traduzione del latino *plebs*[7] ed è perciò questo, senza alcun dubbio, il significato da at-

---

[5] Plat., *Leg.* 758e: *ἡ χώρα κατὰ δώδεκα μήρη διανεμεμέται.*

[6] Plat., *Theet.* 194d, e *ibid.* 188a; LIDDELL - SCOTT 1948, p. 500 s.v. *ἕκαστος*.

[7] LO CASCIO, *Le procedure* 1997, pp. 26-27: il termine *ὄχλος* (*πολειτικός*) è usato una sola volta per indicare la *plebs* urbana.

tribuirgli nel passo in esame, perché – quali che siano state le fonti storiche e letterarie alle quali Cassio Dione attinse – non può dubitarsi che egli potesse ancora leggere senza intermediari il testo bilingue delle *Res Gestae* tanto in latino a Roma stessa quanto in greco in Oriente.

Pertanto, dal confronto fra Svetonio e Cassio Dione e concentrando inoltre l'attenzione sulla testimonianza diretta delle *Res Gestae*, è possibile anzitutto constatare che il *princeps* concesse sei *congiaria* alla plebe in diversi momenti:

- nel 44 (*ex testamento patris* 300 HS = 75 ✱ a testa);

- nel 29 (*nomine meo* 400 HS = 100 ✱ a testa *ex bellorum manibiis*, considerato da Augusto il suo primo congiario, essendo il precedente l'esecuzione di un legato testamentario) per il triplice trionfo sull'Egitto;

- nel 24 (sempre 400 HS = 100 ✱ *ex patrimonio meo*) per la vittoria su Cantabri;

- nel 12 (per l'elezione al pontificato massimo, 400 nummi = 100 ✱ a testa)[8];

- nel 5, per l'assunzione della toga virile da parte del nipote e figlio adottivo Gaio Cesare;

- nel 2 a.C. (60 ✱ a testa ciascuna volta) per la toga virile di Lucio Cesare fratello di Gaio, e probabilmente anche per il conferimento dei poteri proconsolari a quest'ultimo e per il suo matrimonio con Livilla[9], e forse pure per il *recensus* condotto *uicatim*.

---

[8] Il congiario del 12 a.C., anno in cui Augusto fu nominato *pontifex maximus* è ricordato nei *Fasti Cuprenses*: *Iscr. It.* 13.1. p. 245. Cfr. GREGORI, *Tra numismatica ed epigrafia* 2001-2003, p. 347. Sui *Fasti Cuprenses* cfr. PACI, *Fasti Cuprenses* 1993, pp. 71-82. Inoltre, al KLOFT, *Liberalitas principis* 1970, p. 82, in particolare a n. 34, è parso che in un nummo (Cohen I 2 S. 148 nr. 583), battuto in occasione dell'elezione di Augusto al pontificato massimo, con legenda PERMISSV CAESARIS AVGVSTI PM, e sul retro LIBERALITAS IVL(IA) EBOR(A), la presenza di *patera*, *aspergillum*, *simpulum* e del *praefericulum*, tipici strumenti sacrificali, potesse compararsi con la celebrazione della *liberalitas* nelle monete di Nerone e di Adriano, monete nelle quali però la *uirtus* è correlata ad elargizioni o a *congiaria* distribuiti dai *principes*.

[9] MARCATTILI, *L'altare del* uicus Sandaliarius 2015, in part. pp. 130-131. Sul fatto che fossero distribuiti *congiaria* in occasione di matrimoni cfr. MONZIO COMPAGNONI, *I congiaria* 1981, p. 15; CHIAPPINI, Liberalitas *and* congiaria 2020, p. 88.

A tali *congiaria* si aggiunsero altresì le distribuzioni di grano. Per entrambi i tipi di provvidenze, *congiaria* e *frumentationes*, il numero dei beneficiari è nelle *Res Gestae* assai variabile: non è mai meno di 250.000 nel 44, nel 29, nel 24 e nel 12 a.C., è di 320.000 nel 5 a.C. ed è di poco superiore a 200.000 nel 2 a.C.

Res Gestae XV: 1. *Plebei Romanae uiritim HS trecenos numeraui ex testamento patris mei, et nomine meo HS quadringenos ex bellorum manibiis consul quintum dedi, iterum autem in consulatu decimo ex* [*p*]*atrimonio meo HS quadringenos congiari uiritim pernumer*[*a*]*ui, et consul undecimum duodecim frumentationes frumento pr*[*i*]*uatim coempto emensus sum, et tribunicia potestate duodecimum quadringenos nummos tertium uiritim dedi. Quae mea congiaria p*[*e*]*ruenerunt ad* [*homi*]*num millia nunquam minus quinquaginta et ducenta.* 2. [*T*]*ribu*[*nic*]*iae potestatis duodeuicensimum, consul XII, trecentis et uigint*[*i*] *millibus plebis urbanae sexagenos denarios uiritim dedi.* 3. *Et colon*[*i*]*s militum meorum consul quintum ex manibiis uiritim millia nummum singula dedi; acceperunt id triumphale congiarium in colon*[*i*]*s hominum circiter centum et uiginti millia.* 4. *Consul tertium dec*[*i*]*mum sexagenos denarios plebei, quae tum frumentum publicum accipieba*[*t*], *dedi; ea millia hominum paullo plura quam ducenta fuerunt.*

Alla plebe di Roma pagai in contanti trecento sesterzi a testa per disposizione testamentaria di mio padre [44 a.C.] e a mio nome diedi, nel mio quinto consolato [29 a.C.], quattrocento sesterzi provenienti dalle prede delle guerre, e di nuovo inoltre, nel mio decimo consolato [24 a.C.] versai in contanti quattrocento sesterzi a testa di congiario, e, console per l'undicesima volta [23 a.C.], acquistato da ogni dove a mie spese private il frumento, lo ripartii in dodici frumentazioni, e nella mia dodicesima potestà tribunizia [12 a.C.] diedi per la terza volta quattrocento monete a testa. E questi miei congiari non pervennero mai a meno di duecentocinquantamila uomini. 2. Nella mia diciottesima potestà tribunizia, console per la dodicesima volta [5 a.C.], diedi sessanta denari a testa a trecentoventimila persone della plebe dell'Urbe. 3. Anche ai coloni provenienti dai ranghi delle mie milizie, console per la quinta volta [29 a.C.], diedi una per una mille monete a testa: ricevettero tale congiario, in occasione del mio trionfo, circa centoventimila uomini nelle colonie. 4. Console per la tredicesima volta [2 a.C.], diedi sessanta denari alla plebe, che riceveva allora il frumento pubblico: si trattò di poco più di duecentomila uomini.

Le notizie tràdite da Svetonio nella vita di Augusto e da Cassio Dione non lasciano alcun dubbio sull'estensione delle elargizioni ai fanciulli da parte di Augusto, ma il passo del Biografo fa conoscere *e contrario* un dato ancor più specifico, che è quello dell'usuale esclusione dai *congiaria* dei minori di undici anni, alla quale fu quel principe a volere per primo derogare.

Vale dunque la pena di chiedersi per quali ragioni l'imperatore abbia ricompreso quei minori, fino ad allora estromessi dalle distribuzioni di denaro proprio perché – nella logica non certo umanitaria di un investimento economico pubblico per l'incremento demografico – l'alta mortalità nella prima età infantile rischiava grandemente di rendere scarsamente proficua quella estensione.

Nessuna fonte ne fornisce spiegazione e soprattutto desta meraviglia che lo stesso principe ne taccia nell'*Index rerum a se gestarum*, dove pure non manca di elencare minuziosamente i *congiaria* alla plebe, ma senza tale precisazione.

Possiamo pensare anzitutto ad una ragione umanitaria da parte di un simpatizzante dei princìpi dello stoicismo[10] ed intimamente convin-

[10] Ben note sono le testimonianze sullo stoicismo di Augusto, alle quali la critica storica ha riservato negli anni particolare interesse. Si pensi ad esempio alle estreme parole che il principe avrebbe pronunciate in punto di morte, sulle quali il dibattito scientifico che s'è innestato può sinteticamente riassumersi in due linee di pensiero: da un lato si pongono quanti ravvisano nel comportamento attribuito ad Augusto evidenti richiami alla filosofia stoica, secondo la quale la morte può essere paragonata a una scena teatrale dove ogni individuo riveste la sua parte: buona o cattiva che sia; dall'altro quanti, invece, leggono nelle parole di Augusto un intento autocritico e dispregiativo. Studi più recenti, che interpretano in chiave positiva il *mimus uitae*, riconoscono sincerità nelle parole pronunciate dal principe, il quale visse con serenità e ilarità i suoi ultimi giorni. Sul *mimus uitae* vd. DE BIASI – FERRERO, *Cesare Augusto* 2003, pp. 621 ss.; FRANCO, *L'imperatore* 1990, pp.197-201; FORNARO, *Una vita* 1988, pp. 155-167.

to, al di là delle celebrazioni propagandistiche variamente promosse, di essere stato inviato sulla terra dagli dei per una missione provvidenziale in favore del *populus Romanus*[11]: quanto tramandato sulle convinzioni personali di Augusto impone di non escludere aprioristicamente un ruolo, in tale sua decisione in favore della più tenera infanzia indigente, della *misericordia Caesaris*, pur non potendola di certo considerare la vera causa del provvedimento.

Augusto può infatti avere intelligentemente pensato che un bambino ben nutrito fosse esposto molto meno di uno malnutrito al rischio di mortalità, il che avrebbe compensato numericamente e comunque sotto l'aspetto umanitario le perdite finanziarie dell'investimento.

Sicuramente anche la *captatio beneuolentiae* della plebe, benché il principe non fosse proclive ad assecondarne gli umori, avrà giocato un ruolo nell'ambito della sua politica di conquista del *consensus uniuersorum*; ma certamente l'estensione dei *congiaria* ai *pueri* minori di undici anni si iscrive in quella politica d'incremento demografico, che Augusto perseguì, invero con successo non certo travolgente, facendo nel tempo confluire i suoi provvedimenti in un vero *corpus* normativo costituito dalle *leges Iulia de maritandis ordinibus* del 18 a.C.[12] e *Papia Poppaea nuptialis* del 9 d.C.[13], per contenere la cre-

---

[11] Vedi Plin., *N.H.* II 93-94. Augusto, differentemente da Giulio Cesare, simpatizzante della filosofia epicurea e scettico sull'intervento delle divinità nel mondo e nella vita degli uomini, era intimamente convinto dei prodigi astrali e dell'agire della provvidenza. Plinio riferisce che in occasione dei giochi promessi da Cesare per la vittoria di Farsalo e indetti da Augusto nella ricorrenza del suo giorno natale (il 23 settembre del 44 a.C.) per comparve per sette giorni una cometa raggiante nel cielo: Augusto dichiarò al popolo che la stella simboleggiava l'assunzione nel firmamento dell'anima del dittatore defunto, ma dentro di sé credeva che fosse nata per lui e che per lui vivesse. Cfr. COSTABILE, *Caius Iulius Caesar* 2013, pp. 83 ss., cui rinvio per tutta la bibliografia.

[12] La *lex* mirava a incrementare unioni coniugali e proceazione di figli legittimi; le fece seguito la *lex Papia Poppaea* e, data la somiglianza fra le leggi matrimoniali augustee, i giuristi che ne ricordano il contenuto finirono per non distinguere sempre nettamente le disposizoni dell'una e dell'altra. È però certo che esse statuirono l'obbligo di contrarre matrimonio per tutti gli uomini liberi fra i 25 e i 60 anni e per le donne libere fra i 20 ed i 50, pena l'applicazione di sanzioni patrimoniali e di limitazioni alla capacità di succedere: tuttavia i *caelibes* sarebbero stati maggiormente colpiti rispetto ai coniugi senza figli, i c.d. *orbi*, i quali avrebbero goduto di una riduzione delle sanzioni rispetto alla prima categoria. Sulle *leges* augustee cfr. FIELD JR., *Lex Iulia et Papia* 1945; ed ora

scente sproporzione fra Romani e *peregrini* e la già rilevante provincializzazione dell'esercito.

Lo possiamo dedurre dalla *ratio* delle analoghe disposizioni che ispirarono Traiano e che ci sono palesate, almeno per quanto riguarda i *congiaria* alla *plebs urbana*, da C. Plinio Cecilio Secondo, *Panegyr.* 26, 3-5, ma che certamente motivarano anche l'istituzione degli *alimenta Italiae*.

Tuttavia, come ho già detto, Augusto non aveva ritenuto nelle *Res Gestae* di fare della sua iniziativa in favore dei *minores* quella speciale menzione, che dapprima Svetonio e poi Cassio Dione ritennero invece meritevole di essere tramandata.

Ciò denota evidentemente che per l'imperatore il fattore più importante da celebrare nella sua eredità politica era la *liberalitas* dei *congiaria* alla plebe residente a Roma, fattore globalmente inteso nel suo complesso, e che, nonostante fosse stato lui autore della innovazione di estendere il beneficio ai minori di undici anni, tale estensione restava un elemento accessorio, che dovette perciò apparirgli trascurabile in un messaggio destinato a colpire i lettori per la sua grandiosa sinteticità.

PETRUCCI, *Diritto privato romano* 2022, pp. 20-21 con bibliografia. Cfr. anche bibliografia a nota seguente.

[13] La *lex Papia Poppaea* del 9 d.C., che è considerata una sorta di supplemento, completamento e in parte superamento delle disposizioni della *lex Iulia de maritandis ordinibus*, avrebbe disposto divieti matrimoniali per determinate classi sociali: si veda anzitutto RUSCA, *Plinio il Giovane* 1963, pp. 442-443. Non è questo il luogo per trattare sotto l'aspetto storico, politico, sociale e giuridico la legislazione matrimoniale augustea, ma mi sia consentito di rinviare, per le fonti e la bibliografia, a G. COPPOLA BISAZZA, *La donna nella legislazione augustea* 2016, in part. 167 ss., 173 ss., ed al saggio della GIUNTI, *Il mare del diritto* 2016, e alle sue valutazioni, sintetizzate a p. 8: «A ben guardare, dunque, la polemica tacitiana non si scatena contro la manovra legislativa in punto di diritto matrimoniale, ma investe in pari tempo gli esiti perversi di tale manovra sul piano fiscale (il meccanismo premiale ha scatenato i delatori, flagello peggiore di ogni male) ed il suo fallimento sul piano applicativo (la soluzione normativa e le pene previste non hanno invertito la tendenza verso una crescente disaffezione per matrimoni e procreazione). Il problema che Tacito avverte e del quale si fa interprete non è quello di una legislazione che ha invaso lo spazio di autonomia familiare ma quello di una legislazione che non ha invaso abbastanza e di un legislatore che si è rivelato incapace di sovvertire i comportamenti dei privati sul piano matrimoniale e riproduttivo». Si veda anche sopra, la nota 54.

Al contrario, più tardi la sensibilità della 'opinione pubblica', se mi si consente il termine, si manifestò proprio verso quei *pueri minores*, in aderenza all''immaginario collettivo', ovvero dovrei dire piuttosto – stando al lessico politico augusteo – al *consensus uniuersorum*: ciò accadde sicuramente quanto meno nell'età di Svetonio Tranquillo, se non ancor prima, e comunque quella del Biografo dei dodici Cesari è la prima voce a noi giunta.

Ciò è molto significativo, se si pensa che le biografie svetoniane furono scritte nell'età di Adriano e presuppongono che a quel principe fossero stati ormai trasmessi come lascito politico ormai socialmente consolidato i provvedimenti traianei in favore dell'infanzia povera: gli *alimenta Italiae* per le *ciuitates* della Penisola ed i *congiaria* ai fanciulli plebei dell'Urbe, come vedremo di seguito.

Plinio nel Panegirico, al fine di esaltare l'*optimus princeps*[14], mette in ombra i meriti dei suoi predecessori in questo campo ed evita di citarne i nomi, ma Svetonio, dopo la morte sia di Plinio il Giovane che di Traiano, è per noi l'eco di una presa di coscienza del problema dell'infanzia, che dal principe e dalla sua ristrettissima cerchia, dove restava chiaramente circoscritta in età augustea, si era ormai diffusa in tutti gli strati della cittadinanza.

174. AVGVSTVS DIVI F. Sa tête laurée à droite.
℞. IMP. XIIII. Parthe? ou Germain? debout, présentant un enfant a Auguste, assis à gauche sur une estrade, (745, av. J. C., 8) .... F. OR. 100
175. La même médaille .... F. AR. 15
176. La même médaille, avec la tête laurée à gauche. .... *M. d'Ailly*. F. AR. 15

Fig. 1.a. H. COHEN, *Description historique des monnaies frappées sous l'Empire romain*, I, Paris 1889, p. 87 nr. 174. Nummi con barbaro che tende il figlioletto ad Augusto.

[14] Cfr, MAYER I OLIVÉ, *Tanta, quanta sunt* 2019, pp. 160-165; MAZZA, *'Optimus princeps': epilegomena* 2019, pp. 357 ss.

Fig. 1.b. Denario di fig. 1.a.

Tanto dell'inclusione dei fanciulli, quanto della concessione di ben sei *congiaria* da parte di Augusto non ci è giunta alcuna testimonianza numismatica, benché in nummi dell'8 a.C.[15], non correlati a quella liberalità ma forse celebrativi di una campagna militare, sia raffigurato un uomo – probabilmente identificabile, per la foggia delle brache, con un barbaro – che solleva un bimbetto con le braccia protese verso il *princeps* assiso sulla *sella curulis*, il quale a sua volta gli tende la destra per poterlo sorreggere (fig. 1.a-b), segno da un lato di *deditio in fidem* da parte del popolo vinto e dall'altro di *clementia* imperiale, o forse addirittura di accoglimento nel *ius Latii*. È questa la prima testimonianza numismatica di una attenzione di Augusto per l'infanzia, anche se in questo caso non sembra trattarsi di un bimbo romano.

In un passo di Quintiliano (VI. 3.52[16], collocato in una trattazione più vasta sul significato di svariati termini, si riporta il giudizio che Fabio Massimo espresse sui *congiaria* che Augusto era solito concedere agli amici, liberalità impropriamente chiamate *congiaria*, quanto piuttosto *heminaria*, tanto da farci comprendere l'esiguità dei doni: *Fabius Maximus, incusans Augusti congiariorum quae amicis dabantur exiguitatem, heminaria esse dixit (nam congiarium commune libertatis atque mensurae) a mensura ducta inminutione rerum.*

Quintiliano, con un arguto gioco lessicale, ricorda infatti il doppio significato del termine congiario *commune liberalitatis atque mensurae*, che Fabio Massimo doveva certamente conoscere: la sostituzione

[15] COHEN I, 174, p. 87.

[16] Vedi KLOFT, *Liberalitas principis* 1970, p. 89 n. 19. Q. Fabio Massimo fu console nell'11 a.C.: cfr. Tac., *Ann.* I 5.

fra *congiarium* usualmente inteso quale *liberalitas*, con *heminarium*, entrambe *mensurae*, non allude altro che alla esiguità dei doni elargiti da Augusto[17]. *Congiarium* nel senso di unità di misura risulta da

> D. 33. 7.13 (Paul. 4 ad Sab.): *Tabernae cauponiae instrumento legato etiam institores contineri Neratius existimat: sed uidendum, ne inter instrumentum tabernae cauponiae et instrumentum cauponae sit discrimen, ut tabernae non nisi loci instrumenta sint, ut dolia uasa ancones calices trullae, quae circa cenam solent traici, item urnae aereae et congiaria sextaria et similia: cauponae autem, cum negotiationis nomen sit, etiam institores.*

In buona sostanza, la critica mossa al *princeps* si riferiva alla parsimonia rispetto agli amici, non già nei confronti del popolo romano, beneficiario, a quanto sembra, di ben sei congiari, forse perché i predecessori di Augusto o altri personaggi contemporanei a Fabio Massimo, spinti da tentativi di corruzione e non da affetto, erano soliti offrire doni di maggior valore alla cerchia più ristretta dei loro amici, i quali certamente non versavano mendicanti. L'atteggiamento di Augusto mi pare potersi invece contrapporre a quanto era solito fare Giulio Cesare, che colmava di doni (*congiario uberrimo*)[18] chi, per invito o spontaneamente, si recava da lui: da questa smodata e non disinteressata benevolenza, non furono esclusi nemmeno liberti e schiavi.

Una ulteriore eco sui *congiaria* di Augusto, malgrado non si precisi con esattezza né il numero delle liberalità elargite né l'estensione del beneficio ai *pueri*, si ritrova in Tacito[19], quando a proposito del congiario di Tito[20] ricorda che in quell'occasione numerosi anziani narrarono di averne ricevuti uno o due proprio dal divo Augusto.

---

[17] LEBEK, *Heminarium* 1978, p. 274.

[18] Suet., Caes. XXVII: *Omnibus uero circa eum atque etiam parte magna senatus gratuito aut leui faenore obstrictis, ex reliquo quoque ordinum genere uel inuitatos uel sponte ad se commeantis uberrimo congiario prosequebatur, libertos insuper seruulosque cuiusque, prout domino patronoue gratus qui esset.*

[19] Tac., *De orat.* XVII

[20] Stando al VAN BERCHEM, *Les distributions* 1939, p. 150, può identificarsi con quello del 74 d.C.

3

L'Ara degli *scribae aedilivm cvrvlivm* dalla Via Appia.

La rappresentazione dello svolgimento delle operazioni amministrative di distribuzione e registrazione dei *congiaria* agli aventi diritto: maschi adulti, bambini e significato della presenza delle donne

I *congiaria* augustei sono illustrati – come accennavo all'inizio – da una testimonianza figurativa di straordinaria importanza descrittiva per le diverse fasi di registrazione amministrativa degli aventi diritto, nonché per la vivace rappresentazione del clima di festività nel momento della distribuzione: si tratta della cosiddetta 'Ara degli Scribi', ritrovata in ottimo stato di conservazione nel corso del regolare scavo archeologico di un colombario costruito in età augustea[21].

Fig. 2.a. Ara degli Scribi al momento del ritrovamento, scoperchiata.

L'altare, di marmo bianco, ha forma parallelepipeda e sulla fronte reca scolpiti due epitaffi con sottostanti rappresentazioni, ciascuna entro cornice rettangolare: fu realizzato in funzione della finalità funeraria ed il retro, non destinato alla vista, fu lasciato grezzo, ma ciò non avvenne al momento stesso della edificazione del colombario, bensì quando esso era già stato ultimato senza che fosse progettata l'allocazione dell'ara, che pertanto finì con l'essere incoerentemente addossata a una parete, obliterandone i preesistenti loculi per le urne cinerarie (fig. 2)[22].

---

[21] Zevi, *Ara* 2012, p. 361;

[22] Rotondi, *L'ara* 2010, p. 139; Zevi, *Ara* 2012, p. 355.

Fig. 2.b. MNR Terme di Diocleziano: Ara degli Scribi. Norma frontale con coperchio ricollocato.

Figg. 2.c.-d. Ara degli Scribi. Vedute laterali sinistra e destra con *patera* e *urceus* sacrificali.

Il piccolo monumento di 126×67×43 cm, seppure ricavato da un sol blocco di marmo e strutturalmente lavorato in un unico corpo, si articola figurativamente in due parti distinte e sovrapposte, ma tematicamente in stretta connessione reciproca, ciascuna delimitata da una cornice sporgente. Sulla cornice superiore è oggi ricollocato il pesante coperchio, trovato riverso a terra[23] (fig. 2.a in confronto con fig. 2.b), che occlude la cavità interna per le ceneri, conformato a timpano arrotondato. Proprio sulla fronte del coperchio, decorato da due pulvini terminanti in due rosette acroteriali, soltanto in un secondo momento fu scolpita di stretta misura una tabella in forma di parallellogramma concavo alle estremità superiori (figg. 2.b p. 22 e 2.t p. 43), recante una iscrizione funeraria, cronologicamente successiva, come si comprende dal contenuto, a quella entro *tabula ansata* della parte inferiore, dov'è rappresentata una folla che protende le mani in alto verso la scena del riquadro soprastante. In essa, sopra un *suggestum* decorato a meandro, sono raffigurati due togati seduti, circondati da tre indaffarati assistenti in piedi, vestiti di tunica corta, tutti attorno a un tavolo su cui poggia una pila di sei grandi *tabulae* scrittorie.

Sulle facciate laterali dell'ara (fig. 2.c-d) sono raffigurate simmetricamente scene simposiali di genere in uno spazio delimitato d'ambo i lati da una lesena scanalata con capitello corinzio, con lo sfondo decorato nella parte soprastante da festoni, che fanno intuire la presenza della parete d'una stanza. Sulla facciata laterale sinistra si trovano un giovane, identificato dalla Rotondi[24], editrice dello scavo e del reperto, in uno degli scribi defunti, con la mano destra portata a toccarsi la tempia, semisdraiato sulla *kline* mentre nella sini stra regge una coppa, e il suo inserviente una *oinochoe* per vino.

Fig. 2.e. Ara degli Scribi. Veduta laterale sinistra.

[23] Evidentemente, quando il colombario fu defunzionalizzato, forse nell'età delle invasioni barbariche, si sollevò il coperchio dell'altare nella speranza che vi fossero contenute urne cinerarie in metallo, che furono asportate.

[24] ROTONDI, *L'ara* 2010, p. 139.

Fig. 2.f. Ara degli Scribi. Veduta laterale destra.

Sul lato destro si vede ancora una volta un giovane sdraiato sulla *kline*, sempre in atto di reggere, stavolta con la mano destra, una coppa biansata, ma in questo caso per porgerla ad una donna stolata, seduta ai piedi del letto tricliniare con in mano una fiasca o un mestolo per attingere. Il fatto che la donna sia seduta fa comprendere che non si tratta di un'ancella, ma piuttosto della moglie o al più della compagna del recumbente[25].

[25] Al disotto di ciascuna delle scene di genere scolpite su ogni lato sono raffigurati due usuali strumenti sacrificali: sulla faccia destra l'*urceus* per versare i liquidi e sulla sinistra la *patera* o *lanx* per le offerte solide.

Tali ambientazioni alludono alla perpetuità della vita oltremondana e alla *felicitas*, come evidenziato da Fausto Zevi, il quale considera i personaggi rappresentati privi di qualsiasi intento ritrattistico, se si tenga conto che l'immagine della donna dai capelli acconciati è di repertorio nelle raffigurazioni di banchetti funebri.

Tornando al rilievo superiore della fronte dell'ara, devo invece dire che i ritratti dei due scribi togati mi sembrano avere intenti chiaramente fisiognomici. Ed è appunto sulle scene raffigurate al di sotto dei due epitaffi del primo e del secondo scriba che si deve concentrare la nostra attenzione. Si capisce da una serie di osservazioni sullo stato attuale del reperto che l'altare era stato scolpito originariamente per ospitare le ceneri di un solo defunto, il ventisettenne scriba degli edili curuli Quinto Fulvio Prisco, iscritto nella tribù Quirina, al quale si riferisce il primo epitaffio posto in basso, commissionato dal padre Quinto Fulvio Euno.

Fig. 2.g. Ara degli Scribi: primo epitaffio di Q. Fulvio Prisco, scriba degli edili curuli, iscritto in *tabula ansata* al centro ara, per le cui ceneri il monumento fu in origine realizzato.

Litterae h. 1-1,5 cm.

Dis Manibus

Q(uinto) Fuluio Q(uinti) f(ilio) Qui(rina tribu) Prisco

scr(ibae) aed(ilium) cur(ulium); uixit an(nis) XXVII.

Q(uintus) Fuluius Eunus pater

fecit.

Fig. 2.h. Ara degli Scribi: folla di questuanti sotto la *tabula ansata* del primo epitaffio di Q. Fulvio Prisco.

Fig. 2.i. Ara degli Scribi: Particolare della folla festante sotto il primo epitaffio di Q. Fulvio Prisco.

Sotto l'iscrizione è raffigurata, su suolo accidentato denotante la mancanza di pavimentazione, una folla di postulanti (fig. 2.i) in *tunica exigua* e una sorta di mantellina senza maniche, il *penus*, genere di abbigliamento che fa riconoscere quali plebei le persone rappresentate: se ne contano venti, di cui due bambini e due donne; otto sono in primo piano scolpite ad altorilievo, le altre sullo sfondo a bassorilievo e di alcune in secondo piano è visibile solo il volto di profilo o di scorcio o, in due casi, esclusivamente la calotta cranica.

All'estremità sinistra due donne stolate guardano benevolmente il medesimo piccolissimo bimbo, di 3 o 4 anni, che sta accanto alla madre con un tamburello rotondo in mano come passatempo nell'attesa: la donna in secondo piano, di scorcio, lo addita con l'indice teso in basso, forse a segnalare con affettuosa ironia l'assillo provocato fra gli astanti dal suo gioioso ma ossessionante tamburellare.

Fig. 2.1. Ara degli Scribi: Particolari della folla che tiene *instrumenta scriptoria*: *libelli* arrotolati a destra e tabelle cerate a sinistra.

Dal lato opposto un padre tiene sulle spalle un bimbo più grandicello, ma comunque anche lui ben minore degli undici anni previsti prima di Augusto, secondo un'iconografia che si riscontra anche nella celebrazione degli *alimenta Italiae* (figg. 13 p. 51, 7.1 p. 41) sull'Arco di Traiano a Benevento, sulla quale avrò modo di ritornare a breve. La minuziosa campagna fotografica di ciascun particolare delle scene, mai eseguita prima e da me personalmente condotta, è in questa sede presentata a supporto e prova delle dimostrazioni e mi ha permesso di verificare una serie di dettagli rimasti inosservati: dalle acconciature femminili alle pettinature maschili, dai gesti delle mani, alle espressioni dei volti, dettagli utili per la cronologia, poiché permettono di contestualizzare nell'epoca di appartenenza le mode raffigurate ed il clima gioioso che l'artista e/o il committente hanno voluto evocare quale componente essenziale del messaggio politico.

Di speciale interesse giuridico sono inoltre le diverse morfologie dell'*instrumentum scriptorium* utilizzato nella procedura amministrativa di registrazione e cancellazione dei nomi dei beneficiari.

Si riconoscono infatti sia dittici e trittici cerati, in tre casi esibiti da tre postulanti tra la folla della parte inferiore (fig. 2.s p. 39), sia grandi *tabulae* che – come vedremo – sono anch'esse da considerare *ceratae*, nonché *libelli* consistenti in piccoli rotoli di papiro, o piuttosto di pergamena[26], in due casi tenuti in pugno da ciascun postulante.

[26] Sul fatto che tale tipo di rotolo fosse di pergamena anziché del più costoso papiro cfr. G. CAVALLO *apud* COSTABILE, *La Villa dei* Mucii 2021, pp. 394 e n. 12.

Fig. 2.m. Ara degli Scribi: particolari con dittici e trittici cerati in mano dagli astanti. Si notino nel trittico (sopra) la bugna per evitare il contatto fra le superfici cerate e la corrispondente tacca opposta.

Fig. 2.n. Ara degli Scribi. Scena superiore con gli scribi degli edili curuli seduti e i loro assistenti in piedi durante le operazioni amministrative di verifica degli aventi diritto ai congiari.

Che questi *instrumenta scriptoria* evochino immagini esemplificative di un *recensus*[27] o di un *census*, nel caso di specie prodromico alla concessione del *congiarium*, mi sembra desumibile dalla vicinanza della scena del *suggestum* superiore con quella, di poco anteriore, raffigurata nella cosiddetta Ara di Domizio Enobarbo della metà circa del I sec. a.C. (fig. 3)[28]: un funzionario seduto accanto a cinque grandi tavole sovrapposte, presumibilmente cerate, registra i dati patrimoniali su una di quelle, davanti a due togati; uno, stante, regge un dittico, nel quale erano verosimilmente contenuti i dati da dichiarare, l'altro seduto si rivolge ad un terzo personaggio che osserva la scena, come fa anche il soldato con lorica, scudo ed elmo all'estrema destra.

---

[27] Sulla possibilità che nel *recensus* i censiti si presentassero direttamente a *scribae* o *iuratores* cfr. GAGLIARDI, *I censimenti romani* 2023, p. 86.

[28] Sulla possibilità che la c.d. Ara di Domizio Enobarbo non debba necessariamente correlarsi ad operazioni censorie cfr. POLITO, *L'ara di Domizio Enobarbo* 2021, p. 40, e ZEVI, *L'identificazione* 1976.

Fig. 3. Cosiddetta Ara di Domizio Enobarbo (Paris, Louvre). Scena di registrazione su grandi tavole da parte di scribi.

Tornando all'Ara, ad eccezione delle due donne rivolte verso il bimbo più piccolo, la folla dei venti personaggi accalcati protende le mani e rivolge in alto gli sguardi, apparentemente verso l'epitaffio di Prisco, ma in realtà proprio verso di lui, che è rappresentato nella scena soprastante; in un caso un uomo sullo sfondo addita con l'indice la scena superiore. Questa raffigura infatti due uomini con toga lunga fino ai piedi, calzanti alti calcei, in abbigliamento proprio dell'*ordo equester*, seduti l'uno di fronte all'altro dinanzi a un tavolo, sul quale poggiano cinque grandi *tabulae* sovrapposte e una sesta sollevata da un inserviente sullo sfondo.

Costui la porge, inclinandola, allo scriba di destra, che – come accade anche nella c.d. Ara di Domizio Enobarbo – indica un punto sulla grande *tabula*, reggendo nella sinistra un dittico cerato, ricevuto un istante prima dalla mano destra, ancora spalancata, di un plebeo, il cui *status* sociale è riconoscibile per la corta *tunica* e il *penus*, in piedi dietro di lui con un *libellus* arrotolato a mano manca.

Fig. 2.o. Ara degli Scribi: le grandi *tabulae* sul tavolo e l'oggetto ricurvo in mano allo scriba di sinistra, frainteso come leva per sollevare le tavole, ma invero spatola piatta per cancellare la scrittura sulla cera.

Lo sgabello su cui siede il togato di destra è più alto di quello del l'antistante collega di sinistra, volendosi indicare con tale convenzione figurativa un rango gerarchicamente più elevato, stando alla convincente interpretazione di Fausto Zevi[29], il che – mi sia qui consentito aggiungere – è confermato dalla differenza di funzioni fra i due nella procedura di registrazione dei beneficiari della *liberalitas*.

[29] ZEVI, *Ara* 2012, p. 355.

Fig. 2.p. Ara degli Scribi: spatola piatta per cancellare la scrittura sulla cera tenuta in mano dallo scriba di sinistra. Particolari.

Difatti, il togato del lato sinistro, seduto sullo sgabello più basso, impugna con la destra abbassata un oggetto, cui è stata attribuita una morfologia ricurva (figg. 2.o - 2.p), scambiando il pollice, che lo stringe in pugno, per un prolungamento arcuato. Si è, dunque, sostenuto che «il togato seduto dirimpetto [sullo sgabello basso, a manca], il diretto collaboratore dello scriba [di destra], ha in mano un oggetto curvo, di non immediata identificazione, che, dal contesto e dal movimento che egli compie, ponendo l'altra mano sulla superiore delle cinque *tabulae* impilate, parrebbe trattarsi di uno strumento semplice per far leva e separare all'altezza voluta il pesante mucchio, facilitando di volta in volta l'estrazione della *tabula* richiesta»[30].

[30] ZEVI, *Ara* 2012, p. 359.

Fig. 2.q. Ara degli Scribi: particolari delle grandi *tabulae* sul tavolo; l'aiutante in piedi inclina la tavola verso lo scriba di destra indicandogli con due dita un punto e a sua volta lo scriba indica in basso un altro punto probabilmente in corrispondenza del primo.

A me sembra trattarsi invece di un raschiatoio o spatola piatta[31] per cancellare, sulla cera solidificata della tabella, la scrittura che si desiderava eliminare o scrostandola o spalmandovi sopra una nuova sottile striscetta di resina calda: si trovano esempi nella pittura parietale riproducente *instrumenta scriptoria*, per esempio, tra le forme più rapportabili al nostro caso, le spatole raffigurate in affresco nella casa di *Marcus Lucretius*[32] e quelle sulla parete interna della tomba di *Vestorius Priscus*, non a caso un edile, a Pompei[33]. Al di là dei confronti appena citati, il fatto che un inserviente sollevi da solo e inclini agevolmente la sesta *tabula* ne dimostra la perfetta maneggevolezza senza ricorrere a strumenti di sorta: nei cosiddetti 'Plutei di Traiano' o piuttosto 'di Adriano' (fig. 4)[34], gli inservienti gettano al macero diverse di queste grandi tavole sollevandole insieme senza sforzi sovrumani

[31] CROISILLE, *L'*instrumentum 2010, p. 74; BARATTA, *Le rappresentazioni di* instrumenta scriptoria 2018, p. 35.

[32] DE CARO, *La natura morta* 2001, p. 107.

[33] MOLS – MOORMANN, *Ex parvo crevit* 1993-1994, pp. 24-27, fig. 17; p. 26: «Dietro sul letto a destra vi è una spatola per lisciare la cera della tavoletta; questo è l'oggetto verde non identificato da Spano (1943, p. 274)»; SPANO, *La tomba dell'edile* 1943.

[34] SESTON, *Les Anaglypha Trajani* 1927, pp. 154-183; RÜDIGER, *Die Anaglypha Hadriani* 1973, pp. 161-173; TORELLI, *The Anaglypha Traiani* 1982, pp. 89-118.; PLATTNER, *Die Anaglypha Hadriani* 1998; LAURENDI, *Institutum Traiani* 2018, pp. 107-108, 134.

Fig. 4. Plutei c.d. di Traiano: gli addetti trasportano senza sforzi particolari né ausilio di strumenti le grandi *tabulae* cerate da aggiungere alla catasta a terra destinata al rogo.

Inoltre, dal contesto dei gesti rappresentati è evidente che non si estraevano le tavole sottostanti alla prima, ma che esse erano predisposte in modo che si procedesse da quella superiore: dalle sequenze raffigurate nell'Ara, l'una nella parte inferiore e l'altra in quella superiore, si comprende precisamente che la procedura consisteva nel chiamare quanti avevano diritto al beneficio in base a un ordine, presumibilmente alfabetico, indicato nelle grandi *tabulae*, dalle quali lo scriba leggeva sicuramente ad alta voce il nome di turno, e non nel casuale presentarsi dei beneficiari di fronte ai funzionari. Per questo l'addetto in piedi all'estremità sinistra della scena superiore tiene nel *sinus* della tunica, sorretta con la mano, tre tavolette cerate, che ha evidentemente raccolte tra la folla sottostante. Egli tuttavia nella destra stringe un rotolo che doveva contenere l'elenco dei nomi dei titolari delle tavolette raccolte in grembo. Un altro *libellus* arrotolato si vede, sull'opposto lato destro, in mano al suo collega in piedi, che ha appena finito di consegnare allo scriba assiso sullo sgabello più alto l'ultima tavoletta che aveva raccolto, e attende che ne sia ultimata la registrazione.

Fig. 2.r. L'assistente di sinistra con rotolo nella mano e tre tabelle in grembo.

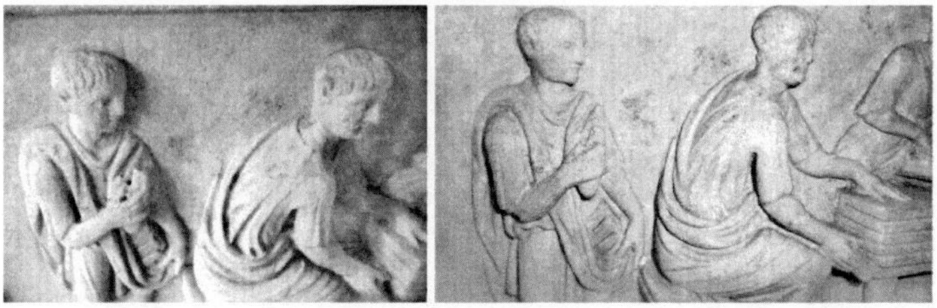

L'interpretazio-ne che qui propongo della scena potrebbe essere avvalorata dal confronto col rilievo di Marco Aurelio reimpiegato da Costantino usurpandone il volto: lì un addetto vestito di corta tunica si sporge dal *suggestum* inclinandosi verso il basso (fig. 5).

Fig. 5. Roma. Rilievo di Marco Aurelio usurpato da Costantino: l'asssistente che si inclina dal *suggestum* verso la folla sottostante sembra aver preso un rotolo o una tavoletta dall'uomo a sinistra in basso.

Sembra che l'addetto, le cui mani sono fratturate (fig. 5), abbia appena raccolto tavolette del genere dalla folla sottostante, riponendole in una *cista* perduta, agganciata al bordo sinistro della lastra con tre perni, dei quali resta visibile traccia nel marmo[35], e già rivolge lo sguardo all'imperatore che riceverà il documento.

Le diverse fasi della procedura amministrativa appaiono, dunque, rappresentate in successione secondo il loro svolgimento: è chiaro che i dittici o i trittici della scena inferiore contenevano il nome individuale del beneficiario con tutte le generalità e i riferimenti censitari e for-

[35] SPINOLA, *Il* congiarium 1990, p. 18, ritiene invece che l'inserviente prenda denaro da un recipiente per porgerlo all'imperatore, perché questi possa distribuirlo.

se, almeno quando fosse stato variabile, l'importo della somma da riscuotere, mentre è probabile che sui *libelli* arrotolati si trovassero indicazioni più compendiarie per il singolo individuo, ma inserite in una più lunga lista collettiva elencante, per esempio, i nominativi degli abitanti di un *uicus* o addirittura di un isolato di quartiere: sappiamo infatti da Svetonio che il censimento degli aventi diritto alle *frumentationes* fu disposto da Cesare nel 46 a.C. molto dettagliatamente, per ridurre il numero dei beneficiari[36] – probabilmente sull'orma di quanto Pompeo, stando a Cassio Dione, aveva fatto dieci anni prima – ed a tal fine eseguito *per dominos insularum*[37].

> Suet., *Diu. Iul.* XLI 3.: *Recensum populi nec more nec loco solito, sed uicatim per dominos insularum egit atque ex uiginti trecentisque milibus accipientium frumentum e publico ad centum quinquaginta retraxit.*

In tale espressione mi sembra che i *domini* debbano intendersi non come quei proprietari delle *insulae* che ne avessero locato gli appartamenti[38], ma o quali responsabili di ciascuna – quelli che noi chiameremmo i 'capi dei condominii' – oppure come i proprietari dei singoli appartamenti esistenti in ciascun isolato.

Il *recensus* di Augusto ebbe invece luogo per unità più grandi, *uicatim*: Suet., *Aug.* XL 2. *Populi recensum uicatim egit*[39].

---

[36] La necessità di limitare il numero dei beneficiari per arginare l'aumento incondizionato dei cittadini aventi diritto al frumento pubblico si fece sentire già prima dell'intervento di Cesare. A tal proposito, Cassio Dione XXXIX 24,1, riferisce genericamente che nel 56 a.C., Pompeo face redigere una lista, senza però specificare se questa, come sembra logico credere, contenesse i nominativi degli aventi diritto. VAN BERCHEM, *Les distributions* 1939, pp. 20-21; REDUZZI-MEROLA, *Leges frumentariae* 1984, p. 559; VIRLOUVET, *Tessera* 1995, pp. 172-175; SORACI, *Dalle* frumentationes *alle distribuzioni di pane* 2006, p. 352.

[37] Sul censimento cesariano e sul precedente pompeiano cfr. AA.VV., *Misurare la terra* 1985, p. 227; VIRLOUVET, *Tessera* 1995, pp. 170 ss.; LO CASCIO, *Le procedure* 1997, pp. 6 ss.; ID., *La popolazione* 2000, p. 35.

[38] Difatti il locatore di *insulae* era censito in base al luogo in cui eletto la sua risiedenza e dichiarava poi tutte le sue proprietà ovunque esse si trovassero.

[39] Si vedano VIRLOUVET, *Tessera* 1995, p. 186, e LO CASCIO, *La popolazione* 2000, pp. 39 ss.

Fig. 6. Ara dei Vicomagistri da Roma (Firenze, Galleria degli Uffizi). Veduta frontale e particolari delle due iscrizioni: l'anno consolare nel campo della raffigurazione e in basso i nomi dei quattro dedicanti entro *tabula ansata*.

Tenuto conto di ciò, è opportuno chiedersi se vi sia un rapporto fra il *recensus* augusteo *uicatim actus* (Suet., *Aug.* XL) e l'Ara dei *uicomagistri* del 2 a.C. – *ante* 12 maggio – recante l'iscrizione:

> [*Imp*(*eratore*) *Caesare*] *Augusto X*[*III*], *M*(*arco*) *Plautio Siluan*(*o*) *co*(*n*)*s*(*ulibus*) | *et infra in tabula ansata* [*D*(*ecimus*) *Oppius*] (*Gaiae*) *l*(*ibertus*) *Iasò, D*(*ecimus*) *Lucilius D*(*ecimi*) *l*(*ibertus*) *Saluius, L*(*ucius*) *Brinnius* (*Gaiae*) *l*(*ibertus*) *Princeps, L*(*ucius*) *Furius L*(*ucii*) *l*(*ibertus*) *Saluius* | *mag*(*istri*) *uici Sandaliari*.

L'Ara dei Vicomagistri, oggi agli Uffizi ma trovata a Roma *in loco* nel *compitum* del *uicus Apollinis Sandaliarii*, fu dedicata per celebrare sia diversi *honores* tributati ad Augusto, sia anche, stando all'esegesi più accreditata, il matrimonio di Gaio Cesare[40] e Livilla. È difficile non contestualizzare questa testimonianza col *recensus* disposto *uicatim* da Augusto, che la dottrina[41] maggioritaria data proprio a quel 2 a.C. Pertanto, su base comparativa, nella scena inferiore dell'Ara degli Scribi vanno probabilmente riconosciuti due *uicomagistri* o *domini insularum*, ciascuno dei quali ha in mano un *libellus* con l'elenco dei beneficiari del proprio *uicus* o *insula* (fig. 2.s).

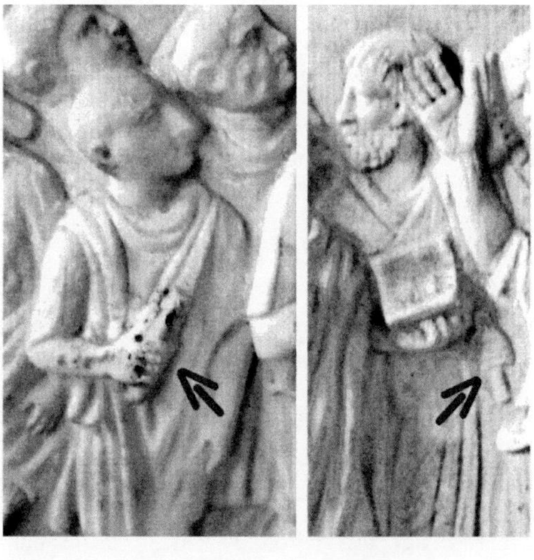

Fig. 2.s. Ara degli Scribi: scena inferiore. Due astanti stringono in pugno un rotolo (indicato dalle frecce) tra la folla che esibisce tabelle cerate alzando le mani verso il *suggestum* dove siedono gli scribi. A destra si vede, in mano a un questuante, un dittico aperto, con bugne per evitare l'incollaggio della cera sulle facce opposte.

---

40 MARCATTILI, *L'altare del* uicus Sandaliarius 2015; AMY RUSSEL, *The altars of the* Lares Augusti 2020, pp. 39-41. Rinvio ad entrambi per la bibliografia precedente.

41 RUSCA, *Plinio il Giovane* 1963, p. 442; VIRLOUVET, *Tessera* 1995, p. 265 e n. 62 (ma *contra* EAD., *ibid.* pp. 188-191, in part. pp. 193-194); LO CASCIO, *Le procedure* 1997, pp. 46-50; SORACI, *Dalle* frumentationes *alle distribuzioni di pane* 2006, pp. 352-353 n. 12.

Tali *libelli* sono da confrontare con l'analogo rotolo (figg. 7.1-7.2) tenuto in mano da Traiano (oggi acefalo) nel rilievo del fornice dell'Arco di Benevento e da lui porto al *quaestor alimentarius* per procedere alla distribuzione, secondo la convincente spiegazione datane dalla Laurendi[42], la cui esattezza trova ora conferma proprio dal confronto con l'Ara degli Scribi; inoltre si vedono bambini o ragazzini nel rilievo di Adriano del c.d. Arco di Portogallo e in quello di Marco Aurelio usurpato nell'Arco di Costantino (fig. 5), entrambi a Roma, dove due funzionari o magistrati in *toga exigua*, l'uno sul palco imperiale, l'altro tra la folla sottostante, stringono in pugno un piccolo rotolo[43], e ancora rotoli chiusi oppure aperti per consultazione sono variamente rappresentati nell'ambito di operazioni amministrative di distribuzione negli stessi rilievi costantiniani e nel rilievo di Heidelberg (fig. 8), che ad essi si ispira[44].

---

[42] Vedi quanto scritto dalla LAURENDI, *Institutum Traiani* 2018, pp. 74-77: «Nell'Arco di Traiano a Benevento ... adolescenti in toga e bambini ... ricevono sacchetti di denaro ... distribuiti loro da un funzionario imperiale, probabilmente il *quaestor alimentarius*, al cospetto del Principe, il quale regge un rotolo di papiro e sembra volerlo porgere al questore, che gli volge le spalle, richiamandone l'attenzione. Qualcuno ha voluto riconoscere nel rotolo del bassorilievo "il testo della legge di cui beneficiavano in Italia i bambini dei ceti sociali inferiori" [E. SIMON, *Arco di Traiano* 1994, p. 663, s.v. *Benevento*]: in realtà il papiro arrotolato è visibilmente semichiuso e mostra i due margini laterali discostati. Nelle convenzioni figurative dell'iconografia romana il papiro in cui sono scritti *leges* o *iura* è normalmente contenuto nella sua custodia, munita di *operculum*, il coperchio che si poneva sopra l'*umbilicus*, che era l'asta attorno alla quale il foglio veniva arrotolato ed ovviamente chiuso, come è stato accertato nel caso del papiro raffigurato in mano ad Augusto nell'aureo con la legenda '*leges et iura P(opuli) R(omani) restituit*'. Nell'Arco di Benevento, invece, il papiro in mano a Traiano è palesemente privo di *umbilicus*: si tratta di un foglio semplicemente arrotolato, che è verosimile rappresenti piu semplicemente la 'lista' nominativa dei *pueri* e delle *puellae* aventi diritto agli *alimenta* ...».

[43] Può ragionevolmente credersi trattarsi di 'liste' compendiarie redatte su rotoli.

[44] Sulle similitudini fra l'Arco di Costantino e il bassorilievo trovato ad Heidelberg rinvio alla monografia di L'ORANGE – VON GERKAN, *Der spätantike Bildschmuck* 1939, pp. 99 ss. Secondo L'Orange, il rilievo, che condivide lo stesso stile di quello costantiniano, mostra un'analoga scena di distribuzione in un edificio suddiviso in logge. Dei cittadini che erano raffigurati al di sotto del loggiato si conserva solo l'immagine di un *paenulatus* – dunque un plebeo nel tipico suo abbigliamento – il quale osserva lo svolgimento della distribuzione che aveva luogo nelle logge poste più in alto: infatti sembra trattarsi della rappresentazione di un beneficario che sta mostrando un dittico ai funzionari, imperiali o locali che fossero, impegnati in attività probabilmente connesse con la

Fig. 7.1. Arco di Traiano a Benevento. Distribuzione del denaro degli *Alimenta Italiae*.

Fig. 7.2. Arco di Traiano a Benevento. Particolare del rotolo tenuto in pugno dall'imperatore.

Fig. 8. Rilievo da Heidelberg con questuante nel registro sottostante e addetti alla distribuzione di denaro in quello superiore. Si noti il rotolo tenuto dal personaggio a destra in basso.

In tutti i bassorilievi si tratta dunque di liste o di elenchi con nominativi di un certo numero di beneficiari ripartiti secondo un criterio che non conosciamo, ma che possiamo immaginare sia stato probabilmente territoriale e/o censitario.

---

concessione della largizione. Questi dettagli mostrano la vicinanza fra i due monumenti, quello di Heidelberg e l'Arco di Roma, nello stile e nelle modalità di rappresentazione della distribuzione dei *congiaria*; La VIRLOUVET, *Tessera* 1995, p. 68, ritiene che sebbene non possano negarsi similitudini fra i due monumenti, non è possibile affermare che il luogo di distribuzione sia stato lo stesso, perché il rilievo di Heidelberg fu trovato in Germania. Vedi anche SPINOLA, *Il* congiarium 1990, pp. 23 s.

La scena superiore dell'Ara degli Scribi fa capire che un plebeo, dopo avere raccolto nella propria tunica, senza dubbio non a caso ma seguendo la lista vergata sul rotolo, i piccoli *pugillares* consegnatigli dai singoli beneficiari, di volta in volta li porgeva uno a uno allo scriba di destra, che riscontrava il nominativo sulla grande *tabula* di fronte a lui e ne leggeva il nome al suo collega togato seduto di fronte sullo sgabello più basso, il quale con la spatola provvedeva a cancellare dall'elenco della grande tavola – non sappiamo se integralmente o soltanto in parte – le annotazioni delle generalità personali e/o del *quantum* da riscuotere.

Nella scena inferiore, il trittico – rivelato come tale dalla foto di scorcio che ne mostra le costole – è aperto in mano al personaggio centrale e lascia intravedere una protuberanza, in cui sembra riconoscibile un tipico 'distanziatore' per evitare che la cera di una pagina aderisse a quella della pagina antistante, la quale ha al centro, meglio visibile (figg. 2.m, 2.s), la tacca a incavo provocata dal contatto sulla cera del distanziatore stesso. Questo particolare ci dà dunque la certezza che le *tabellae* fossero *ceratae* e scritte con il *graphium* anziché *dealbatae* con la scrittura ad inchiostro (*atramentum*). I colori, di cui al momento della scoperta restava qualche traccia purpurea sul coperchio dell'Ara degli Scribi, dovevano caratterizzare anche le tabelle cerate e delimitarne le cornici rettangolari, come sappiamo da alcuni esempi scultorei con residui policromi o dagli stessi affreschi di *instrumenta scriptoria*[45].

Sopra la scena degli scribi, sulla fronte del coperchio sovrapposto e fra le rosette laterali che decorano la terminazione di ciascun pulvino, fu in un secondo momento sacrificata l'integrità della decorazione per ricavarne lo spazio al parallelogramma concavo del secondo epitaffio (fig. 2.t):

Dis Manibus. | *Q(uinto) Fuluio Q(uinti) f(ilio) Quir(ina) tribu)* | *Fausto, scribae et* | *scribae librario aedilium* | *curulium*; *uix*(*it*) *an*(*nis*)*XXXXII.*

Litterae h. 1-1,5 cm.

[45] COSTABILE, *La Villa dei* Mucii 2021, p. 446 e figg. 39-40 e p. 447 fig. 41.

Fig. 2.t. Ara degli Scribi. Epitaffio dello *scriba* e *scriba librarius* degli edili curuli Fulvio Fausto, ricavato in un secondo momento nella fronte del coperchio.

Capiamo pertanto che il monumento fu interamente concepito in origine per il primo dei due scribi e fratelli defunti, cioè Fulvio Prisco, e che il committente ne fu il padre Euno, il cui nome tuttavia non appare come dedicante anche nel secondo epitaffio, o per semplice brachilogia, essendo egli già nominato nel primo, o piuttosto perché defunto dopo la morte di Prisco e prima che sopraggiungesse quella di Fausto. Le ceneri di quest'ultimo furono aggiunte perché egli era o era diventato collega del fratello, ma di rango meno elevato in quanto non è dichiarato essere stato esclusivamente scriba, bensì anche *scriba librarius* degli edili curuli, cioè addetto non solo alle operazioni e funzioni di cancelleria, ma anche al più modesto compito di copista di *libri*, ovviamente di contenuto tecnico, degli edili curuli. Difatti è stato accertato che, nella gerarchia burocratica e funzionale degli *apparitores*[46], gli assistenti dei magistrati, durante la tarda repubblica e nel prin-

[46] Fra gli *apparitores* dei magistrati vi erano gli scribi (*scribae quaestorii*, *scribae aedilicii* e *scribae tribunicii*): questi prestavano assistenza ai magistrati in diverse ed eterogenee attività anche di carattere amministrativo, come registrazione di documenti, trascrizioni di leggi e custodia di *tabulae publicae*. Gli scribi erano prevalentemente liberti,

cipato, in ordine decrescente vi erano: gli *scribae*[47], gli *scribae librarii*[48] e i semplici *librarii*[49]. È fra costoro che vanno di sicuro cercati gli incaricati di trascrivere l'*edictum aedilium curulium* pubblicato annualmente ed esposto *in albo* nel foro[50] e in altri luoghi di mercato dove si esercitava la giurisdizione di quei magistrati patrizi[51]. Si pone ora il problema dell'identificazione dei due togati che occupano i posti alle estremità del tavolo, sui quali la dottrina non è giunta a una soluzione condivisa perché non ha rapportato l'accennata gerarchia burocratica agli epitaffi e alle raffigurazioni, ciò che cercherò ora di fare.

---

ma potevano anche appartenere all'*ordo equester*, il che comunque non ostava alla possibiltà che potessero ricoprire in seguito cariche più elevate. Sugli *apparitores* cfr. PURCELL, *The* apparitores 1983, pp. 131 ss.; in particolare sugli scribi: DE MADDALENA, *Liberti* 2014, p. 135 ss.; HARTMANN, *The scribes* 2020, pp. 16 ss.

[47] Il mestiere di scriba ricoprì un ruolo essenziale anche nella 'laicizzazione' e diffusione del sapere attraverso la scrittura: non è un caso che Liv. IX 46, 1-6, a proposito dello scriba Gneo Flavio, usi l'espressione *scriptum facere* per descrivere in cosa consistesse prevalentemente la sua professione; ciò, tuttavia, non esclude che gli scribi si occupassero anche di altre attività. Cfr. FIORETTI, *Scribae* 2014, pp. 339 s.

[48] FIORETTI, *Scribae* 2014, pp. 344 ss., evidenzia che dalla corretta lettura di un brano di Festo (446 Lindsay) è possibile conoscere quale sia stato il significato della parola scriba: *scribas proprio nomine antiqui et librarios et poetas vocabant; at nunc* – al tempo di Verrio Flacco – *dicuntur scribae equidem librarii, qui rationes publicas scribunt in tabulis*. Dalla prima parte del brano può desumersi che *ab origine* il termine designasse *poetae* e *librarii*, e solo successivamente, finì per essere riferito a coloro che si occupavano di pratiche amministrative e contabili: questi sono anche detti *librarii*. Pur tuttavia, a questa eterogeneità di funzioni seguì una maggiore specializzazione nelle competenze degli *scribae*, che finì per riflettersi in diverse figure professionali. Lo scriba librario, sebbene vi operasse a fianco, si trovava in una posizione subordinata rispetto agli *scribae*; infatti, se volessimo stabilire una gerarchia fra le diverse categorie in ordine decrescente, avremmo: *scribae*, *scribae librarii* e *librarii*. Cfr. FRIGGERI, *L'Ara* 2012, p. 362; PURCELL, *The ordo scribarum* 2001, pp. 643 ss.

[49] Gli *scribae librarii* appartenevano dunque a un rango più elevato rispetto ai *librarii*; l'uso di designarli come *scribae librarii* serviva a precisarne le funzioni, ma spesso erano chiamati solo *scribae*; assai più raro era invece il caso contrario, cioè che uno scriba librario fosse indicato solo come *librarius*. Con quest'ultimo termine si designavano scrivani e copisti di vario rango. Sulle differenze fra *scribae*, *scribae librarii* e semplici *librarii* cfr. ROSSI, *Librarius* 1958, pp. 957 ss.; DE MADDALENA, *Liberti* 2014, p. 136; FIORETTI, *Scribae* 2014, p. 347.

[50] Sull'esposizione dell'editto dopo la *lex Cornelia* del 67 a.C. si veda MANCUSO, *Praetoris edicta* 1983; PALAZZOLO, *La* «propositio in albo» 1984; GUARINO, *"De albo corrupto"* 1990; COSTABILE, *La Villa dei* Mucii 2021, pp. 451-452.

[51] IMPALLOMENI, *L'editto degli edili curuli* 1955.

Il togato di destra, seduto sullo sgabello più alto in quanto di rango superiore al collega, dovrebbe essere, stando alle convenzioni figurative dell'arte funeraria romana, il primo defunto, il ventisettenne Prisco, rappresentato in posizione eminente, il che concorda anche con il suo più elevato *status* gerarchico di scriba rispetto al fratello Fausto, morto dopo di lui a 32 anni, che ne raggiunse il grado solo una volta rivestito quello inferiore di *scriba librarius*. Pertanto, o pensiamo che Prisco sia stato raffigurato insieme al fratello Fausto ancor vivo, seduto su uno sgabello più basso perché ancora nella condizione inferiore di *scriba librarius*, in quanto i due collaboravano nelle operazioni di registrazione[52] coadiuvando gli edili curuli, oppure dobbiamo credere che lo scriba di sinistra sia un estraneo.

Purtroppo, il *praenomen Quintus*, identico in entrambi i fratelli e nel padre, non consente di sapere chi fosse il primogenito, ma in fondo l'ipotesi più probabile è che entrambi fossero addetti alle registrazioni e fin dall'inizio rappresentati insieme: potremmo allora immaginare che Prisco fosse il fratello maggiore, morto a 27 anni avendo conseguito subito la funzione di *scriba aedilicius* senza essere passato dal grado di *scriba librarius*, dato che l'epitaffio non ne fa menzione, mentre Fausto sarebbe il minore e avrebbe raggiunto il rango più elevato dopo la morte di lui, giungendovi dal secondo livello degli *apparitores*. Non è possibile capire quale intervallo temporale divida i due epitaffi, ma, giudicando dalla paleografia, appartengono più o meno alla stessa epoca.

La rappresentazione del ruolo dei due fratelli è comunque smaccatamente 'di parte': il monumento funerario privato dei due scribi dell'ordine equestre, e figli quasi certamente di un liberto o di un discendente di liberti, come denota il *cognomen Graecanicum Eunus*[53], li mostra quali protagonisti del *congiarium*, ma non c'è dubbio che tali fossero invece gli edili curuli di rango patrizio, che non sono minimamente rappresentati e che, senza occuparsi delle umili mansioni di registrazione, dovevano presiedere alle operazioni su un palco più ele-

---

[52] CAVALLO, *Scrivere* 2019, p. 85: «L'"ara degli scribi" raffigura due fratelli, *scribae librarii* morti in giovane età, in atto di svolgere la loro attività su *tabulae* a uso dei magistrati...»; *Rectius* uno *scriba* e uno *scriba librarius*.

[53] Cfr. FRIGGERI, *L'Ara* 2012, p. 362.

vato ed essere gli autori delle elargizioni: difatti nell'ara sono rappresentati solo gli *instrumenta scriptoria* gestiti dagli scribi, non scatole o sacchetti di denaro o monete, che probabilmente erano consegnati dagli stessi edili.

È sicuramente agli edili curuli, più che agli scribi, che doveva rivolgersi la folla dei questuanti, come al principe e ai suoi funzionari essa si rivolge nelle scene, che pure ritraggono anche gli scribi, dall'età claudia a quella costantiniana, tramandate da monete e altorilievi.

4

La fonte iconografica della scena dei beneficiari sotto il *SVGGESTVM* e la sua fortuna nell'arte imperiale

L'iniziativa di Augusto di celebrare l'elargizione di *CONGIARIA* in un grande rilievo perduto e di trasferirla dagli *AEDILES CVRVLES* al *PRAEFECTVS ANNONAE* nel quadro della politica di avocazione delle funzioni dei magistrati repubblicani

Stupisce che sia fino ad ora sfuggita alla pur copiosa letteratura scientifica sull'Ara degli Scribi la serie di concomitanti dati, che denota il preciso e non certamente casuale riferimento ad Augusto dei *congiaria* ivi rappresentati.

Elemento evidente dell'attinenza al primo *princeps* è, anzitutto, l'età dei due bambini, ben più piccoli degli undici anni dai quali si aveva accesso ai congiaria prima dell'intervento augusteo: la loro minorità è riconoscibile sia dalla piccolissima statura sia dal fatto che uno è portato sulle spalle dal padre, ciò che sarebbe ben difficile immaginare sia fatto con un ragazzo.

Inoltre, per lo spettatore antico era altrettanto evidente che, restando di norma sempre escluse dai *congiaria* le donne, le due rappresentate alludevano al diritto loro derivante da quel *ius trium* (o *quattuor*) *liberorum*, introdotto proprio da Augusto.

Esso fu regolato infatti dalla *lex Iulia de maritandis ordinibus* del 18 a.C. nel quadro della sua politica d'incremento demografico, che rendeva *sui iuris* le matrone con tre o quattro figli, a seconda che fossero ingenue o liberte[54]:

Gai I, 145: *ex lege Iulia et Papia Poppaea iure liberorum tutela liberantur feminae.*

Gai I, 194: *Tutela autem liberantur ingenuae quidem trium <liberorum iure, libertinae uero quattuor, si in patroni> liberorumue eius legitima tutela sint; nam ceterae quae alterius generis tutores habent [uelut Atilianos aut fiduciarios], trium liberorum iure tutela liberantur.*

D. 50, 16, 137 (Paul. 2 *ad legem Iuliam et Papiam*): *'Ter enixa' uidetur etiam quae trigeminos peperit.*

Tit. Ulp. XXIX 3: *Lex Papia Poppaea postea libertas quattuor liberorum iure tutela patronorum liberauit.*

---

[54] Della vasta letteratura in argomento si vedano almeno: SOLAZZI, *Tutela* 1925/1960, p. 92; ARANGIO-RUIZ, *La legislazione*, 1938/1977, pp. 101 ss.; BIONDI, *La legislazione di Augusto* 1939/1965, II, pp. 77 ss.; FRANK, *Augustus' legislation* 1975, pp. 41-52. Giustamente ROTONDI, *LPPR* 1912, s.v. *736/18 lex Iulia de maritandis ordinibus*, p. 444, e *762/9 lex Papia Poppaea nuptialis*, p. 459, attribuisce il *ius trium liberorum* alla *lex Iulia de maritandis ordinibus* del 18 a.C. e non alla *Papia Poppaea nuptialis* del 9 d.C., perché quel *ius* fu decretato per Livia nel 9 a.C. (da cui SPAGNUOLO VIGORITA, *Casta domus* 2010, p. 60), quando, stando a Cass. Dio. LV 2.5-7, le morì il secondogenito Druso. La *lex Papia* liberò dalla tutela del *patronus* la liberta con quattro figli (Gai III 47; *Tit. Ulp.*, XXIX 3) e le *patronae* se *ingenuae* con due figli, o con tre se *libertinae* (Gai III 50-53; *Tit. Ulp.* XXIX). Lo *Gnomon* dell'*Idiologos* XXVIII attesta i 4 figli per le liberte e giustamente ASTOLFI, *La lex Iulia* 1996, p. 73 con n. 22, ritiene che riproduca una norma generale e non esclusivamente valida per l'Egitto, sul che bisogna convenire visto che i 4 figli per le liberte sono ricordati in *Tit. Ulp.* XXIX, 3 e Gai I, 194. Vedi anche ZANNINI, *Tutela mulierum* 1976; ZABLOCKA, *Il 'ius trium liberorum'* 1988, pp. 361 ss.; FAYER, *La famiglia romana* 1994, pp. 516 ss. e n. 505, ed EAD., *La famiglia romana* 2005, p. 588 e n. 1019; MASI DORIA, Bona libertorum 1996, pp. 140 ss., 150 ss. ed EAD., *Matrimoni e tresche libertine* 2005, in part. pp.125 ss., p. 130; SPAGNUOLO VIGORITA, *Casta domus* 2010, pp. 10 ss. 57 ss; CASCIONE, *Antichi modelli familiari* 2014, pp. 72 ss.; COPPOLA, *La donna nella legislazione augustea* 2016, pp. 179 n. 43 e 180 n. 50; cfr. anche GIUNTI, *Il mare del diritto* 2016.

Difatti, se le due donne ritratte fossero state semplicemente vedove, sarebbero comunque rimaste *in potestate* del proprio *paterfamilias* o dell'*agnatus proximus* o del *patronus*[55], e dunque sarebbe stato uno di questi ad accompagnare al *congiarium* il bimbetto beneficiario, del quale avrebbe avuto la tutela.

È stato giustamente osservato che le raffigurazioni dell'Ara degli Scribi presentano non poche analogie con quelle di monumenti riferiti a *congiaria* o in generale a *liberalitates* imperiali, le quali, seppur distanti cronologicamente, ripetono in particolare il motivo, con varianti iconografiche non significative, del padre che porta a cavalcioni sulle spalle il bambino.

Anzi, ben prima della scoperta dell'Ara degli Scribi, Ranuccio Bianchi Bandinelli aveva creduto di ravvisare nell'Arco di Traiano a Benevento l'archetipo ispiratore di quest'immagine, che si ritrova anche nel ricordato rilievo di Marco Aurelio reimpiegato da Costantino (fig. 5), nonché negli stessi rilievi costantiniani, e aveva anche creduto che nell'Arco benevantano (fig. 7.1) i due plebei col bimbo sul collo fossero la prima rappresentazione di *humiliores* apparsa nell'arte ufficiale romana[56].

Al contrario, sappiamo adesso che il tema figurativo del bimbo accollato al padre si trovava già, più di un secolo prima dell'Arco di Benevento, sull'Ara degli Scribi.

E tuttavia un monumento privato di tale modestia, anche dimensionale, per di più chiuso all'interno di un colombario e privo di visibilità, non può essere stato in alcun modo il modello ispiratore di un soggetto di successo nelle più illustri rappresentazioni di *liberalitas* del *princeps* nelle arti celebrative continuativamente dall'età claudia fino a quella costantiniana.

---

[55] Per la *mulier in agnatorum tutela* vedi Gai II 47; cfr. anche SOLAZZI, *Tutela* 1925/1960, p. 92; ZANNINI, *Tutela mulierum'* 1976; TELLEGEN-COUPERUS, *Tutela mulierum* 2006, pp. 427 ss. con altra bibliografia.

[56] Si veda quanto scrive BIANCHI BANDINELLI, *Romana Arte* 1965, pp. 957-964 s.v. *Arco di Benevento*; ID., *L'arte romana nel centro del potere* 1969, pp. 235-237; ed inoltre BIANCHI BANDINELLI *Arte romana* 1976, p. 118. L'opinione dell'Autore è stata altresì richiamata da SIMON, *Arco di Traiano* 1994, p. 663 e da LAURENDI, *Institutum Traiani* 2018, p. 156.

È perciò chiaro che l'intera scenografia della folla accalcata sotto il *suggestum*, genialmente concepita in un'atmosfera gioiosa e festosa, che si riconosce ed è palesata dall'espressione dei volti, dal concitato gesticolare dei personaggi, dal giocoso tamburellare del bimbetto sotto il compiaciuto sorriso della madre (figg. 2.i, 2.l), non può essere stata di certo una creazione originale del modesto artigiano autore dei bassorilievi dell'Ara degli Scribi: se così fosse stato, per la sua modestia e per il suo sito riposto esso non avrebbe potuto costituire motivo di imitazione in bassorilievi di ben altra ufficialità, qualità ed esposizione. Il nostro artigiano dovè dunque evidentemente ispirarsi ad un perduto monumento pubblico augusteo, che possiamo plausibilmente immaginare sia stato il primo, almeno in età imperiale, a commemorare la concessione di *congiaria* al popolo secondo modalità che conosciamo dall'architettura e dalla scultura di Traiano, Adriano, degli Antonini e di Costantino.

Quel perduto monumento augusteo, la cui esistenza non si può tuttavia fare a meno di presupporre, costituì infatti a sua volta il prototipo, tanto celebre all'epoca quanto ignoto a noi, imitato non solo nella piccola ara privata degli scribi, ma soprattutto nei rilievi pubblici beneventano (fig. 17a), aureliano (fig. 13) e in quelli costantiniani (fig. 40), per lo specifico del bimbetto sulle spalle del padre; e più genericamente, sia pure ridotto a 'scheletrica' allusione con due o tre figure, servì anche come fonte delle iconografie dei nummi celebranti *congiaria* o altre *liberalitates*, dacché i successori di Augusto compresero che la circolazione monetale costituiva il più diffuso ed efficace mezzo di celebrazione – noi diremmo di 'propaganda' – del loro mecenatismo verso la plebe romana. Gli imperatori che celebrano nelle monete i loro *congiaria*, talora ripetutamente, sono, infatti, Nerone, Tito e Domiziano, Nerva e Traiano, Adriano, Antonino Pio, Commodo, Pertinace, Settimio Severo ed Antonino Caracalla, Macrino, Elagabalo, Alessandro Severo, Balbino, Pupieno, Filippo l'Arabo, Valeriano ed infine Gallieno e Galerio[57].

---

[57] Per le testimonianze monetali si veda SPINOLA, Il *congiarium* 1990, pp. 29-32 e tavv. XII-XV numeri 35-37, 40, 43-75.

1

2

3

**Figg. 9-11. 1. Denario di Traiano per il secondo *congiarium*: lo scriba registra con lo stilo il pagamento su tavola cerata.
2. Medaglione di Alessandro Severo con bimbo che sale sul palco.
3. Denario di Galerio con ragazzo che tende la mano alla *Liberalitas* reggente la 'tavola di monete'.**

Non manca neanche, malgrado il ridottissimo campo figurato, la scena di registrazione amministrativa, da parte dello scriba sul *suggestum*, del denaro versato al beneficiario (fig. 9): abbiamo dunque la possibilità di capire quale sia stata la fonte perduta dello schema iconografico divenuto paradigmatico, includente fra i postulanti, o gli aventi diritto, le donne e i bambini più piccoli, in entrambi i casi sulla persistente scia dell'iniziativa e della legislazione di Augusto.

L'artigiano che scolpì l'Ara degli Scribi, o il committente che ne ideò le raffigurazioni, seppe unire con originalità il testo scritto – 'parlante' – del primo epitaffio di Prisco con la soprastante raffigurazione del defunto che presiede alla verifica delle registrazioni: la folla dei beneficiari, infatti, guardando in alto si rivolge tanto all'epitaffio della *tabula ansata*, quanto al *suggestum* degli scribi. Questa soluzione denota la creatività dello scultore nello specifico prodotto commissionatogli, ma non doveva appartenere al ben più importante archetipo pubblico, che ispirò la realizzazione del nostro minuscolo monumento privato.

Probabilmente si trattava di un arco celebrativo della *liberalitas Augusti* del genere di quello di Traiano a Benevento o di Adriano a Roma (il distrutto Arco di Portogallo, il cui rilievo di *congiarium* si trova nel Palazzo dei Conservatori: fig. 12), o di quello dal quale provengono, quasi certamente, i rilievi di Marco Aurelio, o del genere dello stesso Arco di Costantino.

Fig. 12. C.d. Arco di Portogallo.

Dai due soli monumenti conservatisi integri, l'Arco di Traiano a Benevento e di Costantino a Roma, conosciamo una differente sintassi della iconografia dei *congiaria*: le scene beneventane si trovano entro grandi lastre rettangolari verticali e fra la superiore e l'inferiore si colloca un più piccolo pannello rettangolare in orizzontale con motivi di genere, mentre la scena di elargizione è rappresentata in un unico grande pannello all'interno del fornice (fig. 7.1); le scene costantiniane sono invece organizzate secondo la maestosa scenografia che vede l'imperatore, assiso al centro sul podio del trono (figg. 44 p. 124, 53 p. 135), mentre versa denaro sonante dal contenitore di monete impilate in dodici alloggi rotondi per i *nummi* riservati agli *honestiores*, mentre i contenitori per gli *humiliores* ne hanno solo sei e si trovano nelle logge o *tabernae* rettangolari con tende sullo sfondo, dove gli *apparitores* procedono alle registrazioni contabili e alle elargizioni.

Fig. 13. Arco di Traiano a Benevento.

Le scene dell'Ara degli Scribi sembrano presupporre una rappresentazione complessiva del perduto monumento augusteo più vicina, nonostante la maggiore distanza cronologica, alla tipologia dell'Arco di Costantino (figg. 46 p. 128, 48 p. 129), per il quale si è pensato che le distribuzioni siano ambientate nel foro di Cesare in *tabernae* coperte.

Differenza fondamentale è che le operazioni di registrazione degli scribi degli edili curuli si svolgono invece su un *suggestum* all'aperto di fronte al tavolo, su cui poggiano le grandi *tabulae*, e che la folla si accalca al di sotto su di un suolo privo di pavimentazione, ma si può immaginare che l'originario monumento augusteo rappresentasse diversi tavoli e scribi addetti alle operazioni, che vi fossero altresì ritratti i due edili curuli e infine, molto probabilmente, lo stesso *princeps*.

Sembra verosimile credere che il perduto rilievo celebrativo di Augusto, la cui esistenza propongo di presumere per spiegare la diffusione del modello figurativo che vediamo nell'Ara degli Scribi, dovesse essere posteriore all'ultimo dei suoi *congiaria*, ma ovviamente non può aversene certezza: certo è invece che il termine *ante quem* per la datazione del monumento è dato dalla realizzazione stessa dell'Ara degli Scribi.

Quanto alla datazione di quest'ultima, dunque, né le acconciature femminili[58] e le pettinature maschili, né tantomeno l'*adprecatio* agli Dei Mani[59] ostano alla cronologia augustea, contrariamente a quanto affermato in dottrina, e nel primo caso, anzi, la comprovano. La pretesa datazione della formula *Dis Manibus* negli epitaffi al II secolo d.C. deve, come giustamente osserva la Tantimonaco, assolutamente precisarsi: la presenza di alcune iscrizioni risalenti all'età augustea (*CIL* I[2] 761 e 1273) ne attestano un uso precoce da rappor-

---

[59] In generale, la dottrina ha ritenuto che l'uso della formula *Dis Manibus* nelle iscrizioni funerarie risalga al II secolo d.C., sia per la sua capillare diffusione in età imperiale, sia per la mancanza di testimonianze riferite all'età repubblicana. Tuttavia, come giustamente osservato dalla TANTIMONACO, *La formula* 2013, pp. 264 s., iscrizioni risalenti all'età augustea (*CIL* I[2] 761 e 1273) consentono di attestarne un uso più precoce: ciò, sempre a detta dell'Autrice, sembra sintomatico della politica di restaurazione religiosa intrapresa dal *princeps*. Sulle testimonianze più antiche SOLIN, *Beiträge* 1971, pp. 35 s.; sulla diffusione in età imperiale LAMBRINO, *Les cultes indigènes* 1965, p. 234; LÓPEZ BARJA, *Epigrafia latina* 1993, p. 37.

tarsi alla politica di restaurazione religiosa intrapresa dal *princeps*, il quale, incrementando i culti domestici, fornì pure un esempio di *pietas* mediante *parentationes* per i Mani di Caio e Lucio Cesari[60].

Altro parametro cronologico sono le capigliature: la donna col bimbo, infatti, ha una foggia dei capelli che, sulla base dei confronti di datazione certa, porta ad escludere sicuramente l'età claudia, malgrado diversi autori[61] abbiano ritenuto di proporla.

Fig. 14. Acconciature femminili a confronto. 1. Antonia Minore (nata 36 a.C.). 2. Aureo con profilo della stessa (speculare). 3. Ara degli Scribi: acconciature femminili. 4. Ritratto tardoaugusteo. 5. Antonia Minore (da Bornos, Spagna) di profilo e di fronte. 6. Ritratto claudio-neroniano che prova la diversità di acconciatura. 7. Agrippina Maggiore (morta 33 d.C.), da Pompei con diversa acconciatura. 8. Antonia Minore. 9. Ritratto tardoaugusteo-tiberiano.

---

[60] TANTIMONACO, *La formula* 2013, p. 265.

[61] Dalla definizione ciceroniana (Cic., *De leg.* III 3.7) sulle competenze degli edili ci è dato sapere che la *cura annonae*, insieme a quella *urbis Romae* e a quella *ludorum*, costituiva una delle principiali attribuzioni della magistratura edilizia: cfr. sul punto VAN BERCHEM, *Les distributions* 1939, p. 67.

[61] Proponendo una datazione per un busto femminile attraverso l'acconciatura, FITTSCHEN - ZANKER, *Katalog der römischen Porträts Tafeln* 1983, Taff. 68-69 n. 54, considerano la separazione centrale dei capelli «che pendono con ciocche sopra le orecchie e terminano raccolti in una coda bassa sulla nuca», tipica della ritrattistica tardo augustea. Tale capigliatura, così rigorosa ed austera nella sua tradizionalità al di fuori delle mode ellenistiche più in voga, è molto simile a quella di Antonia Minore nel tipo cosiddetto "semplice": FITTSCHEN – ZANKER, *Katalog der römischen Porträts* 1983, p. 45.

Anche l'altra donna col bambino a sinistra della scena inferiore, al margine della folla dei beneficiari, ha una pettinatura a nodo desinente in uno *chignon* o crocchia a coda bassa, tipo Antonia Minore[62] (36 a.C.–37 d.C.: fig. 14 nr. 1), caratteristica delle convenzioni del tradizionalismo augusteo in fatto di morale femminile, abbandonata dopo la morte del primo *princeps* già in età tiberiana e ben presto sostituita da più elaborate e seducenti *coiffures*.

Inoltre, se le pettinature maschili sono rese per lo più troppo sommariamente per poter distinguere fra le 'mode' augustee e quelle tiberiane o claudie, la resa dei capelli di *Priscus* (fig. 15 nr. 2), il cui volto è presentato come un ritratto fisionomico, imita in certo modo la disposizione sulla fronte delle ciocche della capigliatura di Augusto nelle statue marmoree di Prima Porta, della Via Labicana, del Palazzo dei Conservatori a Roma e nella testa bronzea di Meroe (fig. 15 nr. 1, 3, 4): fra due ciuffi divergenti a destra e a sinistra ne è collocato uno proprio al centro[63].

Possediamo tuttavia un dato giuridico-istituzionale interno alle epigrafi, che permette una datazione più circoscritta di quelle finora proposte sul fondamento di valutazioni stilistiche con un certo margine di soggettività. Infatti gli epitaffi dei due defunti *QQ. Fuluii Priscus* e *Faustus* li dichiarano entrambi scribi al servizio degli edili curuli[64], che si occuparono delle distribuzioni solo fino all'istituzione del *praefectus annonae*.

---

[62] A proposito delle rappresentazioni di Antonia Minore, «con i capelli spartiti al centro della fronte e disposti lateralmente in ciocche ondulate, cinte da un nastrino sopra la fronte e raccolte in una coda che scende fino all'altezza delle spalle», BUCCINO, "*Morbidi capelli e acconciature sempre diverse*" 2011, cit. p. 368, ritiene che possano riferirsi ad immagini onorarie d'età augustea.

[63] SAPELLI, *La ritrattistica ufficiale romana* 2005, p. 32 figg. 2-4.

[64] Quanto alle competenze annonarie di tale magistratura, è attestata l'attività di edili curuli nel radunare e trasportare frumento per far fronte alle carestie, nonché il loro coinvolgimento nelle distribuzioni di grano destinate alla plebe. Si trattava, dunque, di azioni volte a far sì che i prezzi dei viveri e del frumento fossero tenuti in misura normale, ma che erano estese anche al controllo delle largizioni fatte dagli degli edili stessi. La magistratura repubblicana, comunque, si occupava anche della vigilanza nei mercati, della applicazione di sanzioni ai monopolisti di grano e della custodia dei magazzini pubblici di frumento, del quale sovraintendeva la vendita. Cfr. CARDINALI, *Frumentatio* 1962, pp. 228-229.

Fig. 24. Capigliature di Augusto a confronto con quella dello scriba (nr. 2) *Priscus* dell'Ara. 1: L'Augusto di Meroe di fronte e di profilo. 3. Augusto della Via Labicana. 4. Augusto di Prima Porta.

Tenendo, dunque, conto del trasferimento della *cura annonae* con la competenza per le elargizioni da quei magistrati patrizi al nuovo funzionario imperiale e ai suoi sottoposti[65], il termine *ante quem* della scena e dell'ara è da ricondursi all'anno 14 d.C., quando, negli ultimi mesi di vita di Augusto, si ha la prima attestazione d'un *praefectus annonae*, anche se ignoriamo da quanto esistesse. I presupposti che portarono alla istituzione della prefettura annonaria sono tuttavia precedenti ad Augusto stesso. Svetonio e Cassio Dione ci informano infatti della riforma cesariana nel campo delle *frumentationes*: a seguito del *recensus* degli abitanti di Roma, attraverso il quale il *dictator* limitò l'estensione del beneficio, resosi conto che i due edili curuli non erano sufficienti per la gestione dell'annona e per la cura delle frumentazioni neanche se supportati dagli altri due loro colleghi plebei, decise di aggiungerne altri due ancora, istituendo in tal modo i c.d. *aediles ceriales*, come sappiamo dal *liber singularis enchiridii* di Pomponio[66].

[65] L'annona, provvidenza ordinaria e destinata a un numero ben definito di cittadini, fu affidata agli edili curuli almeno fino all'età repubblicana. Essa consisteva, fra le altre cose, nel tener provveduta la città di grano e nel controllo che il prezzo di questo non oscillasse eccessivamente. Alla *cura annonae* sono spesso associate le *frumentationes*, istituzioni fra loro distinte, ma spesso accumunate dalle magistrature chiamate ad amministrarle. La cura straordinaria dell'annona fu assegnata a Pompeo, e in virtù dei poteri da essa derivanti, egli applicò diverse misure nel campo delle *frumentationes*. Anche Augusto, in occasione di una carestia, accettò la sovraintendenza annonaria nel 22 a.C. Sulle differenze fra *congiaria*, *annona* e *frumentationes* cfr. TORELLI, *Atrium Minervae* 2004, p. 80.

[66] D. 1.2.2.32, Pomp., *Lib. sing. ench.*

Tuttavia, la creazione degli edili ceriali non sostituì gli edili nelle mansioni afferenti alla *cura annonae* e alla distribuzione di commestibili, ma costituì un'iniziativa volta a rafforzare l'apparato amministrativo. Si rammenti anche che proprio gli edili, già dall'età repubblicana, distribuivano al popolo derrate come olio e vino quale supplemento al frumento, a quanto risulta da Livio a proposito del *congiarium* di *P. Cornelius Scipio* e di M. *Cornelius Cethegus*[67] e da Plinio il Naturalista per quello di Lucullo[68], elargito subito dopo il suo ritorno dalla provincia dell'Asia[69] e consistente in ben centomila barili di vino.

A seguito poi di una carestia che colpì Roma fra il 23 e il 22 a.C., Augusto provvide a sue spese all'acquisto di grano da distribuire per dodici *frumentationes*[70] e si rassegnò ad accettare le insistenze del popolo e del senato di assumere eccezionalmente lui stesso la *cura annonae*[71]. Parimenti nel 22 a.C. affidò la gestione delle frumentazioni ad alcuni funzionari, i c.d. *praefecti frumenti dandi*[72], sostituiti poi nel 6 d.C., stando ancora alla testimonianza dionea, dai *curatores*, ai quali fu affidata anche l'annona[73].

In linea di massima, dai dati esposti, mi sembra dunque che l'istituzione della prefettura annonaria vada datata dopo il 6 e prima del 14 d.C.[74], intervallo temporale che costituisce così il termine *ante quem* per la datazione dell'Ara degli Scribi.

Il confronto con Svetonio fa pensare che nei *congiaria* enumerati da Augusto nell'*Index rerum a se gestarum* fossero inclusi, pur senza esservi nominati, anche i bambini indicati da Svetonio.

---

[67] Liu., XXV 2.

[68] Plin., *N.H.* XIV 17 96.

[69] Così MONZIO COMPAGNONI, *I* congiaria 1981, pp. 8 s.

[70] *RG* XV 1.

[71] *RG* V 2; Cass. Dio. LIV 1. 4.

[72] *RG* V 2.

[73] Cass. Dio. LV 31 4.

[74] Fra il 6 d.C. e il 14 d.C. Augusto sottrasse la *cura annonae* agli edili per affidarla al *praefecus annonae*. VAN BERCHEM, *Les distributions* 1939 p. 68; AA.VV., *Misurare la terra* 1985, p. 228; SORACI, *Dalle* frumentationes *alle distribuzioni di pane* 2006, p. 377. CHILVER, *Princeps et frumentationes* 1949, p. 17; HÖBENREICH, *Annona* 1997, p. 38; SORACI, *Dalle* frumentationes *alle distribuzioni di pane* 2006, p. 377; VIRLOUVET, Annona *e* frumentationes 2015, p. 80 ritiene probabile l'istituzione del prefetto annonario dopo l'8 d.C.

L'iconografia dell'Ara descrive infatti una distribuzione destinata sicuramente anche ai bambini e, considerato che il termine *ante quem* è da riconoscere nel periodo 7-13/14 d.C.[75], è logico presumere che le raffigurazioni siano da rapportare, più che a uno specifico *congiarium*, a tutti quelli che negli anni, fino a quello del 12 a.C., furono elargiti dal *princeps*, e dunque possiamo anche ipotizzare che il secondo scriba sia morto o in quello stesso 12 a.C. o in un anno immediatamente successivo, quando ancora era viva l'eco dell'ultima elargizione e il committente del monumento funebre volle che fosse perciò ricordato il momento di popolarità condiviso dal suo caro estinto.

Tornando al prefetto dell''annona[76], non ci è dato sapere con certezza quanto durasse in carica, ma è verosimile che non vi fosse un periodo preventivamente determinato; certo è che egli operava attraverso un complesso apparato amministrativo, il c.d. *officium annonae*, che in senso ampio si riferiva alle funzioni da lui esercitate in Roma e nelle stazioni dislocate. Ovviamente alla *cura annonae* si connettono anche le *frumentationes* e le elargizioni di altri commestibili dispensate dai funzionari del *praefectus annonae*. Tale apparato amministrativo sotto la direzione del prefetto poteva dunque prevedere l'affidamento di competenze specifiche, quali appunto le *frumentationes* e la distribuzione di derrate, a ufficiali subalterni, ma pur sempre dipendenti dal rappresentante scelto dall'imperatore: sebbene siano state istituite magistrature straordinarie per il controllo dell'annona e per le distribuzioni di frumento, è con l'innovazione augustea che si verifica il concentramento delle funzioni in un solo ufficio.

Quanto alle finalità politiche dell'istituzione del prefetto dell'annona e all'avocazione da lui operata dei *congiaria*, si può ragionevolmente credere che esse si iscrivano nel lento processo di esautoramento delle istituzioni repubblicane e di concentramento delle loro funzioni nei nuovi diretti rappresentanti dell'imperatore, tratti dall'*ordo*

---

[75] Come giustamente rileva la BICCARI, *L'approvvigionamento granario di* Roma, 2021, p. 346.

[76] Da Tac., *Ann.* I 7 e II 31 emerge che il prefetto *Turranius* sarebbe rimasto in carica 34 anni, dal 14 al 48 d.C., ma tale lunga durata della carica è messa in discussione da K. WACHTEL, *PIR*^{2}, T 410: *idem vix dubie est ac C. Turranius praefectus annonae*, con bibliografia.

equester: la nomina del prefetto dipendeva infatti solo ed esclusivamente dal *princeps*, senza che vi fosse alcuna ingerenza da parte del senato. Le distribuzioni erano foriere di troppa popolarità per essere lasciate agli edili curuli, magistrati di tradizione repubblicana e appartenenti alla *nobilitas* patrizia di dubbia fedeltà al 'regime' del *princeps*: Cesare aveva fatto condividere le loro funzioni in questo settore dai due edili plebei, politicamente più affidabili, e infine, con l'aggiunta dei *ceriales*, ne aveva ridotto l'originario monopolio ad 1/3; Augusto, in un'ottica – ma anche col comodo pretesto – di funzionalità, completò altresì il disegno politico: l'importanza vitale dell'annona in periodo di carestia e la complessità sia del riconoscimento degli aventi diritto ai *congiaria*, sia delle operazioni amministrative, giustificò tecnicamente l'istituzione della *praefectura* e il trasferimento delle funzioni in maniera da non destare attenzione.

Capitolo II

OGGETTO DELLE LARGIZIONI E INTERESSI MORATORI

Tav. II. *Sopra*. A sinistra forma di pane carbonizzato rinvenuto ancora in forno ad Ercolano con impresso il cartiglio di proprietà o di produzione *Celeris Q(uinti) Grani* | *Veri ser(ui)* e, a destra un pane fresco sfornato oggi in Campania con una corda allacciata come presa per trasportarlo, che dimostra la funzionalità del solco che si trova nei pani romani dividendoli in due parti orizzontali. *Sotto*. Disegno ottocentesco di tre fregi superstiti dei quattro della tomba del fornaio, appaltatore ed ausiliario dei magistrati (*pistor, redemptor* e *apparetor*) Marco Virgilio Eurisace a Roma fuori Porta Maggiore. Sono raffigurate le fasi della panificazione e della cottura ed infine, in basso, la pesatura dei pani di fronte a tre magistrati addetti al controllo e quindi il trasporto in grandi ceste per la distribuzione. Probabilmente Eurisace si aggiudicava gli appalti della *respublica* per la fornitura di pane nei *congiaria* di Roma.

1.

OSSERVAZIONI SULLE *LIBERALITATES*: *VISCERATIO*, *SPORTVLA*, *DONATIVVM* E LARGIZIONI DI PANE

M. Henricus Paufler, nella *Quaestio Antiquaria de pueris et puellis alimentariis*, risalente al 1814 ma che per la perdurante validità ha superato la prova del tempo, chiarì che per i Romani le *largitiones*[77] comprendevano non solo *congiaria* e *frumentationes*, ma si estendevano a *uiscerationes, sportulae* e *donatiua*[78], cioè a tutte le iniziative volte a guadagnare il favore del popolo e consistenti in distribuzioni di denaro o beni di prima necessità. Questo condivisibile assunto, se costituisce il punto di partenza per differenziare le varie *liberalitates*, permette, allo stesso tempo, di constatare come *congiaria* e *frumentationes* presentassero spiccate similitudini, per lo meno nel momento in cui sorsero, ma sul punto avrò modo di tornare più dettagliatamente.

La *uisceratio*, annoverata fra le *largitiones*, consisteva in una distribuzione di carne cruda ottenuta dalle viscere degli animali offerti in sacrificio in occasione di festività o di funerali. Proprio le fonti letterarie offrono qualche testimonianza su questa forma di liberalità: sia Livio VIII 22-23; XXXIX 46, che Cicerone, *De Off.* II 55, ne ricordano l'elargizione in occasione di funerali, mentre Svetonio attribuisce a Cesare, subito dopo la vittoria in Spagna, la concessione di un pasto (*epulum*) e di carne cruda (*uisceratio*) al popolo[79].

---

[77] Sul significato di *largitio* nell'accezione pubblica o privata e sulla mancanza nelle iscrizioni di contrapposizione fra *largitio* e *liberalitas* cfr. GREGORI, *Tra numismatica ed epigrafia* 2001-2003, p. 344.

[78] PAUFLER, *Quaestio antiquaria* 1814: «*Solemnes erant largitiones apud Romanos. Hoc autem nomine comprehendimus non tantum Munera, in gratiam populi edita, sed etiam Frumentationes, congiaria, uiscerationes, sportulas, omnes ad captandam auram popularem callide excogitas, et quae militibus dabantur donatiua*».

[79] Suet., *Iul.*XXXVIII 2: «*Adiecit epulum ac uiscerationem et post Hispaniensem uictoriam duo prandia; nam cum prius parce neque pro liberalitate sua praebitum iudicaret, quinto post die aliud largissimum praebuit*».

La *sportula* invece, dapprima utilizzata per conservare condimenti o riporre monete, finì per indicare una porzione di cibo sufficiente per un pasto o per una cena[80]: se Svetonio, nella vita di Claudio, ironizza definendo *sportula* un *ludus* gladiatorio semplicemente annunciato con «un invito al popolo ad una colazione improvvisata e concordata»[81], a proposito delle misure repressive di Nerone per contrastare la *luxuria* il Biografo ricorda come quel principe ridusse il numero dei banchetti pubblici e delle *sportulae*[82]. Mentre da Marziale, che negli epigrammi fa spesso riferimento alla *sportula*, sembra dedursi che il cestino contenente viveri per la giornata finì per essere sostituito, in età imperiale, da una somma di denaro[83] cui auspicavano i *clientes* dal *patronus*.

Da ultimo, con il termine *donatiua* si intendevano le largizioni destinate ai militari[84], come si desume da Svetonio a proposito di una distribuzione di Claudio[85] e ancor più eloquentemente da una di Nerone: *Claudius deductus in forum tiro populo congiarium, militi donatiuum proposuit*[86]. Eppure, un peculiare passo dell'*Historia Augusta*, da cui si desume che Antonino Pio distribuì un congiario ch'ebbe come beneficiari anche i soldati (*congiarium militibus populo de proprio dedit*)[87], è stato rapportato ad un uso insolito del termine *congiarium*.

---

[80] In Apul., *Met.* I 24-25 l'uso del sostantivo *sporta* sembra alludere al cesto in cui Lucio aveva posato un pesce acquistato al mercato.

[81] Suet., *Claud.* XXI 4-5: «*Gladiatoria munera plurifariam ac multiplicia exhibuit: anniuersarium in castris praetorianis sine uenatione apparatuque, iustum atque legitimum in Saeptis; ibidem extraordinarium et breue dierumque paucorum, quodque appellare coepit 'sportulam', quia primum daturus edixerat, uelut ad subitam condictamque cenulam inuitare se populum*»

[82] Suet., *Nero* XVI 2: «*Multa sub eo et animaduersa seuere et coercita nec minus instituta: adhibitus sumptibus modus; publicae cenae ad sportulas redactae*». *Sportula* nel senso di banchetto pubblico è attestata pure in Suet., *Dom.* VII.

[83] Mart., *Epigr.* I 59 e 80. La *sportula* quale *largitio* ricorre pure in Plin., *Ep.* II 14; X 117. È stato sostenuto che questa variazione si sia verificata con Nerone: cfr. BRADLEY, *Suetonius' Life of Nero* 1978 p. 102.

[84] TORELLI, *Atrium Mineruae* 2004, p. 80.

[85] L'imperatore Claudio elargì un *donatiuum* in occasione della sua acclamazione: Suet., *Claud.* X 4, su cui vedi SPINOLA, *Il congiarium* 1990, p. 8 e in particolare LAURENDI, *Profili costituzionali* 2012, pp. 65 s.

[86] Suet., *Nero* VII 4. Anche Caligola distribuì un *donatiuum*; cfr. Suet., *Cal.* XLVI: *militi donatiuo centenis uiritim denariis*.

[87] *SHA*, *Ant. Pius* IV. 9: *congiarium militibus populo de proprio dedit*.

Figg. 25-26. Antonino Pio: aureo con personificazione della *Liberalitas VII* con tavola ad alveoli per monete, strumento di distribuzione monetaria, e denario con *Lib(eralitas) IIII* reggente cornucopia e vessillo militare.

Si è, infatti, pensato che forse si alluda in quel caso ad un *donatiuum*[88], che invece aveva quali destinatari solamente i soldati[89], malgrado in un altro passo si distingua bene la differenza fra le due *liberalitates*[90]. È in tal senso interessante rilevare, come ha osservato la Chiappini sulla peculiare rappresentazione iconografica in un denario di Antonino Pio con legende *LIBERALITAS SC* e *LIB. IIII*, dove l'allegoria, di norma rappresentata con *tabula* alveolata e con cornucopia (fig. 25), reca assieme a quest'ultima un vessillo (fig. 26): questo attributo, cui usualmente si riconosce valore di insegna militare e che appare in mano ad altre personificazioni come la *Fides* e la *Victoria*, è stato rapportato dall'Autrice a un *donatiuum* ai soldati, da correlarsi alla sesta liberalità di quell'imperatore[91].

Prescindendo da una presunta identità fra *donatiua* e *congiaria*, supposta dall'Esperandieu e probabilmente verificatasi solo intorno al III secolo, il fatto che i primi fossero destinati ai militari non mi sembra escludere che costoro potessero beneficiare, come si desume da Cicerone (*Att.* XVI 8.2: *legiones congiarium ab Antonio accipere noluerunt*), pure di *congiaria*, ai quali potevano accedere forse mediante particolari norme o regole amministrative ovvero per grado e anzianità

---

88 CHIAPPINI, Liberalitas *and* congiaria 2020, p. 89; cfr. *RIC* III 155 (AV) e 156 (AG).
89 Tac., *Ann.* XII 41: *additum nomine eius donatiuum militi, congiarium plebi*.
90 *SHA*, *Ant. Pius* VIII. 1: *congiarium populo dedit, militibus donatiuum addidit*.
91 Nei *Fasti Ostienses* si legge: *XI Ka*[*l. I*]*un. congiarium dedit.*

di servizio. Merita d'esser detto che, entro le *liberalitates* possono annoverarsi, sia pur con qualche difficoltà, perlomeno per l'occasionalità e per l'indifferenziata tipologia di beneficiari cui erano destinati, sia gli *epula*, che i *missilia*. I primi consistevano in banchetti[92], mentre i secondi erano piccoli doni di varia natura (*uariarum rerum*), come monete, pietre preziose e tessere frumentarie[93], gettati alla folla dal *princeps* in speciali occasioni come giochi, spettacoli teatrali ed *epula*.

La descrizione dionea delle modalità con cui furono elargiti da Nerone vari doni, malgrado manchi un richiamo testuale ai *missilia*, è stata erroneamente rapportata dall'Esperandieu ai *congiaria* celebrati pure da monete: egli ha sostenuto che in Cass. Dio. LXI 28 [ma invero 18!] fosse descritta la procedura di distribuzione dei *congiaria* da un palco dal *princeps*, che faceva porgere una tessera «presa in cambio degli oggetti che essa rappresentava, da officiali appositi dipendenti dal *praefectus annonae*». Invero Dione descrive la procedura con cui Nerone distribuì cocchi, oro, argento e abbigliamento lussuoso mediante il lancio tra la folla di palline, ciascuna contrassegnata da una iscrizione, sulla cui base si consegnava il dono a chi se lo fosse così accaparrato[94]. Questo tipo di *largitio* legata al caso non mi pare rapportabile ai *congiaria*, non solo per la consistenza materiale dei doni, quanto perché i congiari, stando alle testimonianze iconografiche, numismatiche e storiche, richiedevano verifiche e operazioni prodromiche di natura amministrativa volte a verificare il diritto del beneficiario di ottenerlo. Da ultimo, la Virlouvet, pur facendo risalire al III secolo d.C. le largizioni per così dire 'ufficiali' di pane[95] che sostituirono quelle mensili di frumento, ha acutamente rilevato che un affresco pompeiano, usualmente ricondotto a una scena di panetteria, deve essere invece rapportato a una distribuzione di pane da parte di un edile, come si constata dalla sua toga candida, in occasione non di una *largitio* pubblica, ma di una campagna elettorale[96].

---

[92] Suet., *Aug.* XXXV; Suet., *Caes.* XXXVIII; Suet., *Cal.* XVIII; Suet., *Nero* XXVII.

[93] Questa varietà di oggetti si constata in Suet., *Nero* XII; per i *missilia* cfr. pure Suet., *Cal.* XVIII; Suet., *Dom.* IV e Dio Cass. LXVII 4 4.

[94] Dio Cass. LXI 18.

[95] SORACI, *Dalle* frumentationes *alle distribuzioni di pane* 2006, p. 380.

[96] VIRLOUVET, Annona *e* frumentationes 2015, p. 207.

Figg. 27. MCR 3533. Affresco dalla Casa del Panettiere (Pompei, *insula* VII 3, nr. 30): distribuzione di pane da parte di un candidato all'edilità con ragazzino che protende le mani verso l'adulto.

Aggiungo che nell'affresco è raffigurato anche un ragazzino. Nel contesto di coinvolgimento di magistrati e di candidati nelle *liberalitates* è anche interessante il noto monumento funerario, del 30 a.C. circa, presso Porta Maggiore a Roma, di Virgilio Eurisace[97], i cui bassorilievi danno informazioni non solo sulla preparazione del pane, ma pure sulla sua distribuzione. La presenza nel fregio sud di un addetto a versare grano da un sacco in un recipiente e di togati sembra alludere a una registrazione di frumento dinnanzi a magistrati[98]. Ancor più interessante è tuttavia il fregio ovest con tre togati che assistono in piedi alla pesatura, eseguita al loro cospetto da funzionari che si occupano anche della distribuzione: questo è un forte indizio, se non addirittura una certezza, che siano descritte le operazioni di una pubblica distribuzione di pane, tanto più che l'epitaffio di *Marcus Vergilius Eurysaces* lo definisce fornaio, appaltatore ed ausiliario dei magistrati: *pistor*, *redemptor* e *apparetor*. L'iscrizione era ripetuta sulle quattro facce del monumento funebre parallelepipedo a forma di forno, in modo da essere leggibile da ogni lato, e dai due soli rimasti oggi superstiti a Porta Maggiore si integra il seguente testo (tenendo conto che in una appare la variante *Marcei Vergilei*)[99]:

[97] CIANCIO ROSSETTO, *Il sepolcro del fornaio Marco Virgilio Eurisace* 1973; SORACI, *Dalle* frumentationes *alle distribuzioni di pane* 2006, pp. 423 ss. Vedi anche altra bibliografi alle nt. 98, 100.

[98] D'AMATO – LILLI, *La tomba di Eurisace* 2015, pp. 78 s.

[99] Si vedano: *CIL* VI, 01958a = *CIL* I^2 2.1, 1206 = *ILS* 7460d = *ILLRP* 0850a = EDR104294.

Figg. 28.a. Roma, Porta Maggiore. Tomba a forma di forno del panettiere Eurisace, appaltatore e ausiliario di magistrati (*pistor, redemptor* e *apparetor*) con fregio, in cui tre di loro sorvegliano pesatura e distribuzione del pane.

Est hoc monimentum Marci Vergili Eurysacis
pistoris redemptoris apparet(*oris*).

Viste le qualifiche di appaltatore e di ausiliario di magistrati o di funzionari (*apparitor*) del fornaio Eurisace, c'è da sospettare che non solo si aggiudicasse gli appalti per fornire il pane acquistato dalla *res-publica* per le distribuzioni, ma probabilmente le gestisse anche per incarico delle autorità preposte[100].

Resta da chiederci se, al di là di largizioni private, quelle pubbliche di pane potessero, per lo meno all'inizio, presentare similitudini se non vere e proprie analogie con *congiaria*.

Dopo aver chiarito, dunque, oggetto e specificità di quelle *largitiones*, non resta che concentrare ora la trattazione sulle *frumentationes* e sui *congiaria*, generi di *liberalitates* spesso assimilate se non addirittura confuse, soprattutto per la presunta identità dei beneficiari delle une e delle altre avanzata in dottrina.

2

DIFFERENZE TRA *FRVMENTATIONES* E *CONGIARIA*

Lo Cascio ha giustamente osservato che è insostenibile che i beneficiari di *frumentatationes* fossero gli stessi cui erano destinati i *congiaria*[101], sebbene tale presunta identità, da una lettura superficiale, sembri potersi dedurre da un passo di Frontone, che contrappone il *populus Romanus uniuersus*, cui sono destinati gli *spectacula*, alla *plebs frumentaria*, la quale, seppur ricompresavi, era destinataria di *congiaria* distribuiti *singillatim*.

[100] Sulla tomba vedi nt. 97, e inoltre, per l'epitaffio di Eurisace (e anche della moglie) cfr. ERNOUT, *Textes latins arcaiques* 1957 p. 107, nr. 145; CIANCIO ROSSETTO, *Il sepolcro del fornaio Marco Virgilio Eurisace* 1973, pp. 35-36; KOLB – FUGMANN, *Tod in Rom* 2008, pp. 119-124, nr. 28; FRIGGERI, *Collezione epigrafica* 2012, p. 235 (*uxor*).

[101] LO CASCIO, *Le procedure* 1997, pp. 27 s. Già CARDINALI, *Frumentatio* 1962, p. 254, aveva affermato specificamente nel caso dei bambini che l'avere essi diritto ai *congiaria* non comporta automaticamente che fossero stati iscritti anche alle *frumentationes*.

> Fronto, *Principia historiae* XX, 11: *Ex summa ciuilis scientiae ratione sumpta uidentur ne histrionum quidem ceterorumque scaenae aut circi aut harenae artificium indiligentem principem fuisse, ut qui sciret populum Romanum duabus praecipue rebus, annona et spectaculis, teneri; imperium non minus ludicris quam seriis probari; maiore damno seria, grauiore inuidia ludicra neglegi; minus acribus stimulis congiaria quam spectacula expeti; congiariis frumentariam modo plebem singillatim placari ac nominatim, spectaculis uniuersum populum conciliari.*
>
> Si ritiene sia un assunto della somma ragion di Stato che il principe non trascurasse nemmeno gli attori e gli altri artisti della scena, del circo o dell'arena, ben sapendo che il popolo romano lo si tiene in pugno principalmente mediante due cose: le distribuzioni annonarie e gli spettacoli; il potere dell'imperatore riscuote approvazione non meno per i giochi che per le cose serie; maggior danno deriva dal trascurare le cose serie, maggiore insoddisfazione è suscitata dal trascurare i giochi. Si richiedono le donazioni (*congiaria*) con pressioni meno forti di quelle con cui si richiedono gli spettacoli. Solo la plebe frumentaria si placa con le donazioni (*congiaria*) a titolo individuale e nominativo, ma il popolo nella sua interezza lo si conquista con gli spettacoli.

Da questo passo si ricava soltanto, a mio sommesso parere, che alla plebe destinataria delle frumentazioni potessero essere elargiti anche *congiaria*, vale a dire distribuzioni di denaro, ma non può affatto dedursene che i beneficiari delle *frumentationes* ricevessero automaticamente anche *congiaria*, né tantomeno che solo questi ultimi, e non anche le stesse frumentazioni, potessero estendersi ai minori di undici anni. Si ricordi che in *R.G.* XV Augusto elenca diversi suoi *congiaria*, che non collega affatto alle *frumentationes*, mentre a queste rapporta solo l'ultimo *congiarium* del 2 a.C., elargito ai beneficiari del *frumentum publicum*. Dal passo di Svetonio sopra citato, comunque, emerge che i *congiaria* erano usualmente distribuiti ai maschi di età superiore agli undici anni, ma che solo con Augusto furono ammessi i fanciulli d'età inferiore: ciò consente d'ipotizzare che il numero degli aventi diritto alle *frumentationes* fosse più basso rispetto a quello dei destinatari di *congiaria*, soprattutto se si tien conto che a Roma si beneficiava del frumento pubblico a partire dall'assunzione della toga virile e dunque, come sembra ben probabile, non prima del diciassettesimo anno d'età[102]. Sebbene nel suo testamento politico Augusto menzioni solo il numero dei beneficiari di *congiaria* e *frumentationes*, oscillando quello dei beneficiari di congiari fra 200.000 e 250.000, è ragionevole presumere almeno per i primi che ricomprenda i fanciulli pur senza indicarli espressamente.

Tuttavia, la questione relativa all'individuazione dell'età in cui si beneficiava delle *frumentationes* è stata nella letteratura scientifica affrontata mediante l'indagine di fonti letterarie, papiracee e giuridiche, ma purtroppo spesso la dottrina è stata indotta da una facile confusione a formulare ipotesi riguardanti non già le *frumentationes*, bensì le fondazioni alimentari.

È interessante osservare che proprio il passo di Svetonio della *Vita Augusti* sull'estensione di *congiaria* a fanciulli d'età inferiore agli undici anni ha spinto Van Berchem[103] a ritenere l'undicesimo anno di età (da intendere dal primo giorno dopo il compimento dei dieci anni) quello in cui s'incominciava a beneficiare delle distribuzioni pubbliche, senza tuttavia considerare che le procedure previste per ottenere i *congiaria* erano meno precise e più concise rispetto a quelle stabilite per il frumento pubblico.

Come ben evidenziato da Lo Cascio, è altresì ben poco plausibile quanto sostenne Rea, nella sua introduzione all'edizione dei papiri di Ossirinco riguardanti le distribuzioni frumentarie (*corn-dole*), sulla

---

[102] Poiché si è ritenuto che il diritto andasse di pari passo con l'iscrizione nelle liste del *census*. PENNESTRÌ, *Distribuzioni* 1989, p. 298, ha sostenuto, a proposito della concessione delle *frumentationes*, che gli aventi diritto dovessero possedere i seguenti requisiti: cittadinanza, appartenenza alla tribù, godimento dei diritti civici, sesso maschile ed età adulta. Cfr. pure VIRLOUVET, Annona *e* frumentationes 2015, p. 76.

[103] Cfr. CARRIÉ, *Les distributions alimentaires* 1975, p. 1003: «Ainsi en est-il du texte de Suétone: (Auguste) *ne minores quidem pueros praeteriit, quamuis non nisi ab undecimo aetatis anno accipere consuessent*, dont M. Van Berchem tire l'indication de dix ans pour l'âge à partir duquel commençait la participation aux distributions publiques»; cfr. VAN BERCHEM, *Les distributions* 1939, pp. 32-33 [erroneamente citate come pp. 42-43 dal Carrié]. Van Berchem e Carrié scrivono di un'età maggiore di 10 anni, mentre Svetonio utilizza espressamente il temine *undecimo*.

possibilità di correggere il dato svetoniano dell'età dei beneficiari di *congiaria* da 11 a 14[104], sol perché a Ossirinco si beneficiava del frumento pubblico a partire da 14 anni. Lo Cascio giudica tale dato affatto insufficiente a dimostrare che a Roma si beneficiasse delle frumentazioni a partire del quattordicesimo anno d'età, anzi, se si considera che ad Ossirinco il diritto al grano si acquisiva dopo l'*epikrisis*, che era l'iscrizione anagrafica dei bambini che avessero superato la più tenera età, si può affermare con maggior sicurezza che a Roma lo si acquistava non prima dei 17 anni, quando si assumeva *in foro* la toga virile e avveniva l'ammissione nelle liste del *census*.

Tesi condivisibile è invece quella sostenuta dal Carrié[105]: l'autore, muovendo dalla lettura di un frammento di Ulpiano[106], da cui si desume che Adriano statuì con un provvedimento l'età massima di chi aveva diritto agli *alimenta* in 18 anni per i *pueri* e 14 per le *puellae*, e dalla testimonianza di *CIL* VI 10226[107], che allude a 16 anni già compiu-

---

[104] E. LO CASCIO, *Le procedure* 1997, pp. 27 s. L'Autore evidenzia la contestazione mossa dal Carrié al Rea sull'età in cui si beneficiava a Ossirinco del *frumentum publicum*, sulla base di P. Oxy 2902, lin. 4-8, individuandola nei 16 anni e non nei 14; LAMOTTE, *L'oevure de Trajan* 2007, p. 198, segnala che proprio il Rea ha proposto, nel testo di Svetonio sui *congiaria* di Augusto, la correzione da *undecimo* a *quarto decimo* per l'indicazione dell'età dei beneficiari.

[105] CARRIÉ, *Les distributions alimentaires* 1975, p. 1005.

[106] D. 34.1.14 pr.,1 (*Ulpianus libro secundo fideicommissorum*): *Mela ait, si puero uel puellae alimenta relinquantur, usque ad pubertatem deberi. Sed hoc uerum non est: tamdiu enim debebitur, donec testator uoluit, aut, si non paret quid sentiat, per totum tempus uitae debebuntur. 1. Certe si usque ad pubertatem alimenta relinquantur, si quis exemplum alimentorum, quae dudum pueris et puellis dabantur, uelit sequi, sciat Hadrianum constituisse, ut pueri usque ad decimum octauum, puellae usque ad quartum decimum annum alantur, et hanc formam ab Hadriano datam obseruandam esse imperator noster rescripsit. Sed etsi generaliter pubertas non sic definitur, tamen pietatis intuitu in sola specie alimentorum hoc tempus aetatis esse obseruandum non est inciuile.* A tal proposito, LAURENDI, *Institutum Traiani* 2018, p. 33, osserva che la generica espressione *Hadrianum constituisse* usata nel frammento, e riferita al provvedimento attraverso il quale Adriano fissò l'età massima degli aventi diritto agli *alimenta*, non fa capire se si trattasse di un *rescriptum* su di un caso specifico sottoposto alla sua cognizione ovvero di un provvedimento generale destinato agli *alimenta* pubblici e/o privati.

[107] *CIL* VI 10226 = *ILS* 6068: *Quintum annum et decimum | Narcissus flore iuuentae | hoc iacet abreptus | conditus in tumulo ||*[5] *quisquis ades lector | fatum miserabile cernis | Parcae nam inpubem quem | rapuere mihi | maeret cara soror ||*[10] *quae fratrem luget ademptum | mater habet natum | florum lux candida | torquet ||*[15] *hic septimum decimum | frumentum publicum accepit | sextum decimum | perdidit.* CARRIÉ, *Les distribu-*

ti, ritenne che il diciassettesimo anno di età fosse il requisito per l'iscrizione nel registro dei beneficiari delle *frumentationes*.

Quanto detto sull'età in cui si godeva del frumento pubblico farebbe escludere, in base alle fonti fin qui esaminate, la possibilità che i fanciulli più piccoli ne potessero usufruire – salvo che sotto Augusto e Traiano che riconobbero loro il diritto, come scrivono Svetonio e Plinio[108] – se non fosse per una serie di testimonianze epigrafiche, dalle quali risulta che bimbi, nonché bambine e anche donne, potessero essere ammessi alle frumentazioni: infatti alcune iscrizioni ne attestano l'inclusione attraverso l'espressione *a frumento publico incisus/a*[109] o *frumentum publicum accepit*, preceduta dal nome dell'avente diritto o ancora dall'indicazione di un collegio di appartenenza[110].

Tali singolarità mi sembrano potersi spiegare considerandole eccezioni, determinate probabilmente da particolari benemerenze o da vedovanza[111], ad una regola che usualmente prevedeva l'esclusione di quelle categorie dalla concessione[112].

Chiarita la diversità fra i beneficiari di *frumentationes* e di *congiaria*, occorre a questo punto rilevarla nel contenuto e nelle modalità

tions alimentaires 1975, p. 1005, spiega «une phrase obscure» dell'epitaffio nel senso che l'età legale minima nella quale ci si poteva iscrivere nel registro degli aventi diritto al frumento pubblico era a sedici anni compiuti, dunque all'inizio del diciasettesimo anno. Cfr. anche LO CASCIO, *Le procedure* 1997, pp. 28 n. 84 e p. 51 n. 160.

[108] Suet., *Aug.* XLI 2; Plin., *Panegyr.* 26 e *CIL* VI 10228.

[109] A tal proposito PANCIERA- VIRLOUVET, *Les archives de l'administration du blé public à Rome* 1998, pp. 251 s., ritengono che non possa credersi, nel caso di largizioni destinate a fanciulli che l'*incisus* possa indicare l'iscrizione in una lista di potenziali beneficiari, quali sarebbero stati appunto i bambini.

[110] *CIL* IV 10222 = *ILS* 6065: *D(is) M(anibus)* | *Sextiae Saturninae* | *C(aii) Sexti(i) Daphni(dis) et* | *Sextiaes* sic! *Saturninae* | *fil(iae) q(uae) uix(it) ann(is) (sex) m(ensibus) (septem)* || *dieb(us) (quattuordecim) inc(isae) fr(umento) publ(ico)* | *diu(ae) Faust(inae) iunior(is)*. Cfr. CARRIÉ, *Les distributions alimentaires* 1975, p. 1004; PANCIERA – VIRLOUVET, *Les archives de l'administration du blé public à Rome* 1998, p. 252 n. 15; SORACI, *Dalle* frumentationes *alle distribuzioni* 2006, p. 372, n. 50.

[111] Per il caso delle vedove si vedano: VAN BERCHEM, *Les distributions* 1939, pp. 42-43; TAUBENSCHLAG, *The Law* 1955, p. 177; CARRIÉ, *Les distributions alimentaires* 1975, p. 1003.

[112] VIRLOUVET, Annona *e* frumentationes 2015, p. 76 rileva che «i liberti, le donne, i bambini i residenti non domiciliati in città sono in linea di principio esclusi da questo privilegio».

di attuazione di queste due categorie di *liberalitas*: la *frumentatio*[113] consisteva in una distribuzione di frumento pubblico a basso costo e più tardi gratuita, concessa con cadenza più o meno mensile, mentre i *congiaria* erano elargizioni occasionali di olio[114], vino, sale, vivande e in seguito di denaro[115], destinate alla plebe urbana da magistrati e funzionari o dallo stesso principe; fin da età antonina è attestato nelle fonti figurative che anche gli *honestiores*, e in età costantiniana perfino i *potentiores* in *toga contabulata*, percepivano *congiaria* in denaro, di ben maggiore consistenza rispetto agli *humiliores* se nei rilievi dell'Arco di Costantino il contenitore di monete impilate riversate in grembo a un togato conta 12 anziché 6 fori nummarî (fig. 44 p. 124).

Nel caso specifico dei *congiaria Augusti*, cui intendiamo ora limitarci, seppure Svetonio non indichi espressamente quale sia stato il primo *congiarium* esteso ai fanciulli minori di undici anni, tuttavia la dottrina ha creduto di poterlo identificare in quello del 29 a.C., stante

[113] Le *frumentationes* furono intese dapprima quali largizioni di frumento concesse a prezzo inferiore rispetto a quello di mercato, poi in distribuzioni gratuite rivolte alla plebe. Infatti, con l'incremento delle importazioni, il diritto al frumento pubblico, istituzionalizzato dai Gracchi, abrogato da Silla e riformato da una serie di leggi frumentarie, finì per consistere nell'assegnazione di una razione di grano a titolo gratuito attraverso un apposito meccanismo. Sulle *leges frumentariae* cfr. SORACI, *Dalle* frumentationes *alle distribuzioni* 2006, pp. 345 ss.

[114] In origine si trattava di una distribuzione di olio o di vino – il *congius* era infatti una misura di capacità – fatta al popolo come supplemento delle distribuzioni frumentarie; successivamente finì per indicare largizioni gratuite d'ogni sorta. Cfr. ESPERANDIEU, *Congiarium* 1961, pp. 599 ss.

[115] È a Cesare che si attribuisce la distribuzione di un *congiarium* di 100 denari, corrisposto nel 46 ma promesso tre anni prima, nel 49 a.C.: SPINOLA, *Il congiarium* 1990, p. 11. Cicerone, *Phil.* II 116.7, con un giudizio smaccatamente di parte, considera il popolo incapace di giudicare in senso politico (*multitudo imperita*) poiché sedotto con spettacoli, banchetti e *congiaria*; dal che sembra desumersene un uso come strumento di consenso più che di assistenza pubblica. Per una completa analisi del passo ciceroniano cfr. COSTABILE, *Caius Iulius Caesar* 2013, pp. 70 ss. In Suet., *Iul.*: XXVII 1: *Omnibus uero circa eum atque etiam parte magna senatus gratuito aut leui faenore obstrictis, ex reliquo quoque ordinum genere uel inuitatos uel sponte ad se commeantis uberrimo congiario prosequebatur, libertos insuper seruulosque cuiusque, prout domino patronoue gratus qui esset*, ricorre un riferimento ai *congiaria* per indicare i generosissimi doni che Cesare era solito fare indistintamente a chi, per invito, o spontaneamente, si recava da lui; da questa smodata e non disinteressata benevolenza non furono esclusi nemmeno liberti e schiavi.

la citata testimonianza dionea. Viene allora spontaneo chiedersi se, a seguito dell'inclusione dei minori nelle distribuzioni da parte di Augusto, essi siano stati sempre ammessi ai suoi *congiaria* o se invece in quelli successivi al primo si fosse ripresa la vecchia consuetudine di escluderli fino all'età degli undici anni.

Mi sembra plausibile, vista la specificità delle informazioni di Svetonio sul differente ammontare delle elargizioni augustee, che, quando tratta in modo indistinto e genericamente dell'estensione ai minori usualmente esclusi, il Biografo intenda riferire l'innovazione non soltanto al 29 a.C., ma a tutti i *congiaria* concessi dall'imperatore dal 44 al 2 a.C.

3

COMPARAZIONE FRA LE SOMME ELARGITE DAI *PRINCIPES* PER CIASCUN CONGIARIO, DAZIONE *VIRITIM* E MAGGIORAZIONI NELLA SOMMA 'PRO MORA'.

La Monzio Compagnoni, a proposito del valore in moneta dei *congiaria*, ha osservato che la somma *pro capite* si «sia mantenuta stabile per quasi due secoli, manifestandosi una notevole continuità da un regno all'altro. Da Cesare ad Adriano[116], infatti, l'ammontare normale di un congiario era di 75 denari; solo in casi eccezionali, come accade nella distribuzione di Nerone ricordata sui suoi sesterzi del II tipo, la somma poteva essere elevata a 100 denari». Tale precisazione, per quanto parzialmente esatta sul fatto che per diversi *congiaria* la somma concessa fu di circa 75 *denarii* (Tiberio[117], Claudio[118], Tito[119],

[116] *SHA*, *Hadr*. VII 3. Risulta che Adriano concesse un doppio congiario successivo alla distribuzione elargì tre aurei = 300 sesterzi = 75 *denarii*.

[117] Suet., *Tib*. XX.

[118] Malgrado Svetonio scriva in Claud. XXI. 1: *congiaria populo saepius distribuit*; mentre Tac., *Ann*. XII 41. 1: *congiarium plebei datum*.

[119] VAN BERCHEM, *Les distributions* 1939, p. 150.

Domiziano[120] e Nerva[121]), merita comunque di essere precisata: vale la pena ricordare infatti, oltre al congiario di Marco Aurelio di 100 denari *pro capite*[122] e quello di Nerone di 400 sesterzi (*plebeique congiarium quadrigeni nummi uiritim dati*[123]), che dalle *Res Gestae*, risulta che Augusto, all'infuori dei *congiaria* di 60 sesterzi del 5 e del 2 a.C., elargì *uiritim*, cioè a testa, 400 sesterzi, equivalenti a 100 denari.

Questo sia pur lieve incremento è stato, sempre dall'Autrice, rapportato alle conseguenze di fenomeni inflazionistici che si presentarono in modo non uniforme fra Augusto e Costantino, ma su tale motivazione è opportuno riflettere.

Va infatti rilevato un dato interessante sulla divergente trasmissione delle notizie tra fonti letterarie a proposito dei *congiaria* di Caligola: benché Svetonio ci informi che il principe concesse due *congiaria* di 75 *denarii*[124], l'uno il 1 Giugno – *K*(*alendis*) *Iun*(*iis*) – l'altro il 19 Luglio – *XIIII Aug*(*ustas*) – Cassio Dione, che gliene attribuisce solamente uno di circa 240 HS a testa con l'aggiunta di 60 HS (= 300 HS complessivi), precisa che la maggiorazione si verificò a titolo di interesse, dovuto per il ritardo rispetto all'assunzione della *toga uirilis*[125].

Da questa testimonianza, sulla quale avrò modo di tornare, si desume che originariamente il congiario di Caligola fu stabilito nella cifra di 240 HS, successivamente maggiorata, il che permette non solamente di smentire che quasi tutti i *principes* concessero 75 *denarii pro capite*, ma soprattutto di affermare che gli incrementi di denaro potevano essere dovuti a svariate ragioni, come la corresponsione a titolo di interesse, e non necessariamente a fenomeni inflazionistici che, per lo meno per l'età augustea, difficilmente si potrebbero supporre.

Tornando però ai *congiaria* di Augusto, la precisazione che la liberalità fu ripartita 'a testa' si ritrova pure, perlomeno per quello del

---

[120] Suet., *Dom.* IV 5. *Congiarium populo nummorum trecenorum ter dedit.*

[121] VAN BERCHEM, *Les distributions* 1939, p. 151.

[122] GREGORI, *Tra numismatica ed epigrafia* 2001-2003, p. 348, rileva che la concessione di quella somma di denaro è ricordata nell'epitaffio *CIL* VI 10230 di Roma, che si riferisce ad un congiario.

[123] Tac., *Ann.* XIII 31.2

[124] Suet., *Cal.* XVII 2: *Congiarium populo bis dedi trecenos sestertios.*

[125] Dio Cass. LIX 2 2.

29 a.C., in Cassio Dione[126], come si desume dall'espressione *τῷ τε δήμῳ καθ'ἑκατὸν δραχμάς*, mentre in fonti epigrafiche e talvolta perfino letterarie si indica laconicamente e semplicisticamente la cifra del congiario, la quale, per via della sua esiguità, com'è facile immaginare, è da intendere sempre come spettante al singolo beneficiario.

Questa indicazione '*pro capite*' dell'importo monetario del *congiarium* si coglie eloquentemente anche a proposito dei *congiaria* di Tiberio, come si constata sia in Svetonio (*congiarium trecenos nummos uiritim dedit*)[127], sia in Tacito (*ceterum coloniae Capua atque Nuceria additis ueteranis firmatae sunt, plebeique congiarium quadringeni nummum uiritim dati*)[128].

Ritengo che l'avverbio *uiritim*, malgrado il differente significato spesso ricorrente nelle fonti[129] a indicare la ripartizione individuale della liberalità, debba intendersi nello stesso senso che ha l'aggettivo *diuisum* nei *Fasti Ostienses*, attestato sia per i già ricordati *congiaria* di Caligola, sia per gli atti di evergetismo di altri *principes*, come si può constatare dalle espressioni *congiarium diuisum*[130] oppure *imperator … congiarium diuisit*[131] per alludere alla consegna a ciascun beneficiario della cifra stabilita: (figg. 28.1-3).

A proposito di *uiritim* e del verbo *diuido*, usati nel contesto di una distribuzione concessa da Cesare nel 46 a.C., essi sono interpretati dalla dottrina moderna come riferiti all'elargizione di un congiario[132].

---

126 Cass. Dio LI 21 3.

127 Suet., *Tib.* XX.

128 Tac., *Ann.* XIII 31 2.

129 Suet., *Tib.* LXXVI: *uiritim dispertire aliquid populo*; Tac., *Ann.*, I 8: *populi uiritim deleti*.

130 *Inscr. It.* XIII.1, p. 664: *K. Iun. cong(iarium) d(iuisum) (denarii) LXXV. XIIII [k.] Aug. alteri (denarii) LXXV.* Cfr. l'antesignano ROSBOROUGH, *An epigraphic commentary* 1920, p. 32 (fig. 28.1-3), con diverse ristampe contemporanee; VIDMANN, *Fasti Ostienses* 1982, *ad locum*; GREGORI, *Tra numismatica ed epigrafia* 2001-2003, p. 348.

131 Per esempio i congiari di Domiziano (88 d.C.) e Traiano (103 d.C.): cfr. BARGAGLI – GROSSO, *Fasti Ostienses* 1997, pp. 31, 33.

132 In questo senso vedi VAN BERCHEM, *Les distributions* 1939, p. 142; MONZIO COMPAGNONI, *I* congiaria 1981, p. 9. *Diuido* si riscontra pure in *SHA*, *Hadr.* 7.3: *congiarium duplex praesens populo dedit ternis iam per singulos aureis absente diuisis*. Nei *Fasti Ostienses* e *Cuprenses* la *D* è sciolta all'unanimità della dottrina in *d(iuisum)* o *d(iuisit)* per il confronto con le fonti storiche.

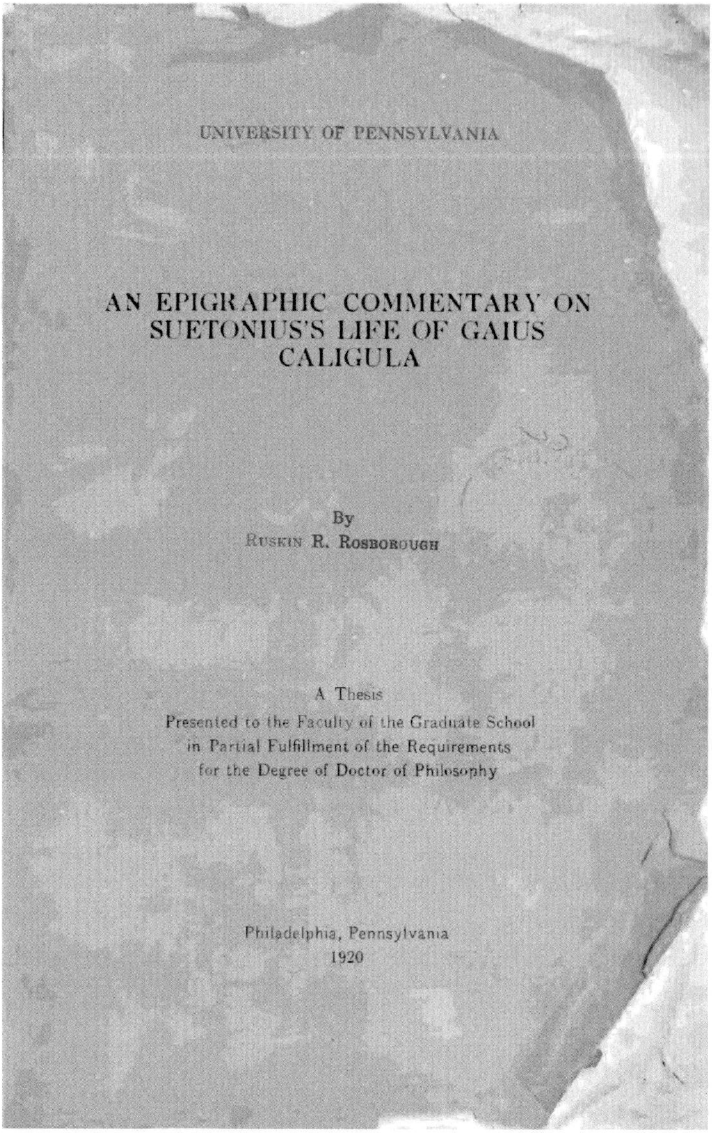

UNIVERSITY OF PENNSYLVANIA

AN EPIGRAPHIC COMMENTARY ON SUETONIUS'S LIFE OF GAIUS CALIGULA

By
Ruskin R. Rosborough

A Thesis
Presented to the Faculty of the Graduate School
in Partial Fulfillment of the Requirements
for the Degree of Doctor of Philosophy

Philadelphia, Pennsylvania
1920

Figg. 28.1. Raro esemplare della tesi dottorale di Ruskin R. Rosborough discussa nella Philadelphia University nel 1920 sulla *Vita* svetoniana di Caligola in rapporto alle fonti epigrafiche: l'Autore connette i *congiaria* menzionati da Svetonio con i *Fasti Ostienses*.

Suetonius's Life of Gaius Caligula 45

APPENDIX

It seems appropriate to include in an appendix the whole text of the fragment of the Fasti Ostienses referred to in connection with several passages of the text of Suetonius, e. g. chapters XIII, XIV, XVII, and XXIV, since at the same time it contains other information regarding events of Caligula's time:

M · PORCIVS CATO
K · NOV · PARS · CIRCI · INTER
VLTORES · ARSIT · AD · QVOD · T [I]
CAESAR · HS)∞(PVBLIC
T · SEXTIVS · AFRICAN[VS]
II VIR · C · P · Q ·
A · EGRILIVS · RVFV[S]
Q · FABIVS · LONGVS
PRAEF ·
A · EGRILIVS · RVFVS
IN · LOCVM · AEGRILI · RVFI
M · NAEVIVS · OPTATVS · PON
VOLKANI · CREATVS · XVI · K · AV[G]
CN · ACERRONIVS · C · PONTIV[S]
C · CAESAR
K · IVL
TI · CLAVDIVS · NERO G[ERM]
A · CAECINA PAETV[S]
K · SEPT ·
C · CANINIVS · REBILV[S]
XVII · K · APR · TI · CAESAR MISEN[I]
EXCESSIT IIII · K · APR · CORPVS
IN · VRBE · PERLATVM · PER · MILI[TES]
III · NON · APR · F · P E · E K · MAIS
ANTONIA · DIEM · SVVM · OBI[IT]
K · IVN · CONG · D ·X· LXXV XIIII
AVG · ALTERI ·X· X LXXV
C · CAECILIVS · MONTAN[VS]
II VIR
Q · FABIVS · LONGVS · I[TER]
M · AQVILA · IVLIAN · P · NONIVS ASPRE[NAS]
SER · ASINIVS · CELER
K · IVL ·
SEX · NONIVS · QVINTILIAN[VS]
IIII · IDVS · IVN · DRVSILLA · EXCESS[IT]
XII · K · NOV · AEMILIANA · ARSER(E)

Fig. 28.2. La trascrizione dei *Fasti Ostienses* di Rosborough con le linee 26-27 menzionanti il *congiarium* di Caligola il 1 Giugno e il 19 Luglio del 37 d.C. La D di linea 26 è sciolta d(*iuisum*).

32 *Suetonius's Life of Gaius Caligula*

—XVII. 2—

Congiarium populo bis dedit trecenos sestertios: Suetonius undoubtedly refers to the two largesses which Caligula gave to the people in the first year of his principate, which are recorded in the recently discovered fragment of the Fasti Ostienses of 37 A. D.: K(alendis) Iun(iis) cong(iarium) d(ivisum) X LXXV. XIIII | Kalendas Aug(ustas) alteri X LXXV. For the entire inscription see the Appendix, and for a discussion of the grammatical construction of this excerpt see Notizie degli Scavi XIV. p. 194.

Fig. 28.3. Commento di Rosborough al rapporto fra Svetonio e i *Fasti Ostienses* menzionanti la *diuisio*.

Tuttavia a me i *congiaria* cesariani paiono doversi rapportare ad una *pollicitatio*, cioè alla promessa di elargire una liberalità.

Svetonio, infatti, fa uso dell'espressione *uiritim diuisit* nello scrivere che Giulio Cesare distribuì al popolo romano non solamente dieci moggi di frumento a testa ed altrettante libbre di olio, ma anche trecento sesterzi a persona, cui ne aggiunse poi altri cento, come viene precisato *pro mora*:

> Suet., *Caes*. XXXVIII: *Populo praeter frumenti denos modios ac totidem olei libras trecenos quoque nummos, quos pollicitus olim erat, uiritim diuisit, et hoc amplius centenos pro mora.*

Il Biografo ascrive, dunque, la ripartizione del denaro *uiritim* ad una liberalità per una vecchia (*olim*) promessa nella forma della *pollicitatio*, forse a seguito di qualche vittoria, cui non aveva potuto adempiere probabilmente perché impossibilitato a trattenersi a Roma, e correla ad essa la locuzione *pro mora*, che si può tradurre nel senso di ritardo oppure nel suo significato squisitamente giuridico di vera e propria mora, il che induce alle seguenti considerazioni.

È attestato dalle fonti che la *pollicitatio*[133], promessa unilaterale rivolta alla *ciuitas* dal candidato alle cariche pubbliche, non comportava soltanto una sorta di vincolo del promittente al rispetto della promessa, ma determinava, in caso di ritardo nell'adempierla, una maggiorazione, come dimostra, oltreché l'espressione *pro mora* nel passo svetoniano, anche la rubrica *De Pollicitationibus*[134] dei Digesta.

D. 50.12.1 pr. (*Ulp. lib. singulari de officio curatoris reipubl.)*: *si pollicitus quis fuerit rei publicae opus se facturum uel pecuniam daturum, in usuras non conuenietur: sed si moram coeperit facere, usurae accedunt, ut imperator noster cum diuo patre suo rescripsit.*

Eppure, il fatto che anche per il congiario di Caligola si constati un accrescimento della somma di 60 HS mi pare comprovi che gli imperatori, anche nel caso delle *polliciationes*, come delle distribuzioni concepite almeno in origine quale complemento di alcune solennità, abbiano finito per considerarle 'obbligazioni' da onorare, al punto da computarne la mora.

Tuttavia, se per il *congiarium* promesso in occasione di una *pollicitatio* sussiste l'aspettativa del promittente di un corrispettivo elettorale, ovvero del voto, per cui il promittente è tenuto all'adempimento e a corrispondere la mora, come scrive Ulpiano nel passo sopra riportato, nel caso invece di *congiaria* elargiti dal *princeps* senza alcuna attesa di corrispettivo, è singolare che si calcoli una maggiorazione per il ritardo.

---

[133] A proposito di *polliceri* e *pollicitatio*: «l'impiego elettivo dei due termini si ha, però, nei confronti di *una res pubblica*», sicché entrambi vengono largamente adoperati «per indicare la dichiarazione sotto forma di promessa unilaterale, rivolta ad una comunità cittadina (*municipium* o *colonia*), avente ad oggetto: o la realizzazione di un *opus* – ossia un edificio, un monumento, un'infrastruttura, vuoi di carattere religioso, vuoi di carattere civile – o l'allestimento di uno spettacolo pubblico (*munera*, *spectacula gladiatorum et bestiarum*, *agona*, *certamina*, *ludi scaenici*, *pugiles*, *uenationes*, *uoluptates*) o la predisposizione di un distribuzione collettiva, "*ad honorem ciuitatis*", di donativi, di cibo e/o di denaro (*epula*, *cenae*, *sportulae*, *uiscerationes*, *sparsiones*, *congiaria*, *diuisiones*) o, ancora, null'altro che la corresponsione di una somma di denaro ("*soluere pecuniam*")». Cfr. ARNESE, Pollicitatio *e* usurae ex mora 2019, p. 32, ma cfr. anche p. 36.

[134] ARNESE cit. a nt. precedente; LEPORE, *Una minima postilla* 2021, p. 42 nt. 15.

4

IL LUOGO DELLE DISTRIBUZIONI FRA AUGUSTO E NERONE E IL PROBLEMA DELL'*ATRIVM MINERVAE*

Un aspetto non secondario ed essenziale per comprendere quale sia stato il luogo usuale delle *liberalitates* a partire dall'età augustea, è quello relativo al significato che l'immagine di Minerva, che da Nerone in poi appare sulle monete nelle scene di *congiaria*, evocava nel cittadino che ne beneficiava.

Non è questione assai facile nemmeno quella concernente l'edificazione da parte di Ottaviano, nei pressi del foro, del *Chalcidicum*, dove avevano luogo le distribuzioni, giacché le fonti che ne trattano sono soltanto le *Res Gestae* e Cassio Dione[135]. In *RG* I, 19 Augusto, con l'espressione *curiam et continens ei chalcidicum*, sembra indicare la vicinanza della *Curia Iulia* al portico, mentre Cassio Dione ne ricorda l'edificazione ad opera di Ottaviano nel 29 a.C., chiamandolo *Ἀθήναιον*, quasi a voler significare che si trattava di luogo sacro ad Atena-Minerva.

In assenza di ulteriori fonti dirette e per gli esiti i recenti studi, la dottrina prevalente ritiene che Ottaviano non abbia edificato *ex novo* il *chalcidicum*, ma che abbia ricavato un *atrium* – con l'aggiunta di una ulteriore *porticus* adiacente alla *Curia Iulia* – all'interno del quale sarebbe stata custodita la statua della dea Minerva[136], donde appunto il nome di *atrium Mineruae*[137].

---

[135] *RG* I 19; Cass. Dio., LI 22.

[136] Ulteriore testimonianza della collocazione della statua di Minerva all'interno dell'*atrium*, posto nei pressi della curia, è data dall'intervento di restauro del simulacro della dea da parte di un *praefectus urbi*: cfr FRASCHETTI, *La conversione* 1999, p. 241; vedi anche TORELLI, *Atrium Mineruae* 2004, pp. 81 s., nonché il *titulus* commemorativo *CIL* VI 526 = *ILS* 3132.

[137] TORELLI, *Atrium Mineruae* 2004, p. 81, scrive che l'*Atrium Mineruae* fu rinnovato da Ottaviano «come un edificio centrato su di un grande atrio centrale colonnato, corrispondente al portico raffigurato sulle monete». Per le differenti proposte di riconoscimento del sito presso la *Curia Iulia* vedi qui fig. 29.

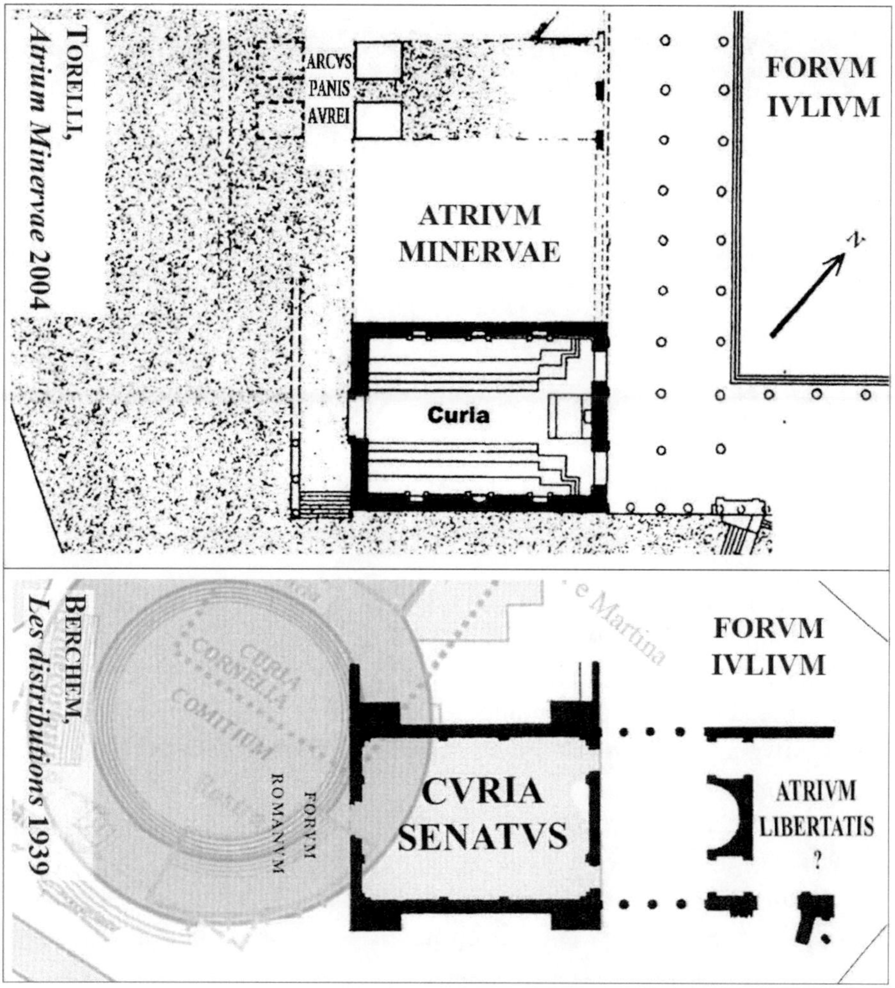

Fig. 29. La *Curia Senatus* e le ipotesi sul sito dell'*Atrium Mineruae* e dell'*Atrium Libertatis* secondo Denis VAN BERCHEM, *Les distributions de blé et d'argent a la plèbe romaine sous l'empire*, Genève 1939, pp. 175-176, e secondo Mario TORELLI, Atrium Minervae. *Simbologia di un monumento e cerimonialità del* congiarium, «ARG» VI (2004), pp. 63-109. Le rispettive planimetrie tra il *Forum Iulium* e il *Forum Romanum* sono state rielaborate e topograficamente contestualizzate in sovrapposizione.

Fig. 30. Denari (D) e sesterzi (HS) di Nerone e Nerva con *congiaria* di fronte alla statua di Minerva.

Minerva, infatti, appare in diverse emissioni monetali (fig. 30) a partire da quelle di Nerone celebrative di *congiaria*, nelle quali è regolarmente presente una statua che ritrae la dea nella usuale iconografia con l'elmo, la lancia nella mano sinistra e la civetta appoggiata sulla destra. Invece altre monete, le cui rappresentazioni si discostano assai poco, mostrano accanto alla dea una *porticus*, quasi a voler indicare topograficamente, attraverso la rappresentazione del *genius loci*, la zona di svolgimento dei *congiaria*[138] (figg. 30-31).

Se da Nerone fino ad Adriano l'iconografia monetale celebrativa di *congiaria* presenta poche differenze, il successivo mutare dell'ambientazione va rapportato a un progressivo trasferimento della cerimonia in un luogo non più segnato dalla presenza della dea: è ragionevole presumere infatti che in seguito la cerimonia dei *congiaria* si sia svolta nella *porticus Minucia frumentaria*[139].

---

[138] Su ruolo di Minerva cfr. VAN BERCHEM, *Les distributions* 1939, pp. 119-169; PENNESTRÌ, *Distribuzioni* 1989, p. 290; SPINOLA, Il *congiarium* 1990, pp. 29 s.; TORELLI, *Atrium Mineruae* 2004, pp. 79 ss.; MANCINI, *Liberalitas Augusti* 2011, p. 16.

[139] L'iscrizione *CIL* VI 10223 di *Tiberius Claudius Ianuarius*, risalente al regno di Claudio o di Nerone, costituisce una delle testimonianze sull'organizzazione sistematica delle distribuzioni di grano nella *porticus Minucia frumentaria*. A proposito della sua usuale datazione all'età di Claudio, il Cardinali e il Van Berchem ne attribuiscono invece

Fig. 31. Sesterzi di Nerone con scena di *congiarium*: una donna, dietro la quale sta un bimbo in piedi, solleva la stola nell'accingersi a salire la scala che porta al podio imperiale.

Non ci è dato sapere se la raffigurazione di Minerva avesse, oltre al valore di indicazione topografica, anche valore simbolico, come sostenuto dal Van Berchem[140], il quale ha evidenziato la stretta connessione fra gli aventi diritto ai *congiaria*, i cui nomi sarebbero stati iscritti nel *tabularium* custodito nell'*Atrium Libertatis*, e la dea, assurta a simbolo del diritto dei cittadini di ottenerlo; né tantomeno ci è dato sapere quando la statua sia stata eretta e dove precedentemente fosse collocata.

---

la costruzione fra l'età di Augusto e quella in cui scrive Svetonio. Cfr. SPINOLA, *Il* congiarium 1990, p. 10; ZEVI, *Per l'identificazione* 1993, p. 666; COARELLI, *Un frammento* 2021, p. 147; La VIRLOUVET, *Tessera* 1995, pp. 155 s., sostiene che, sebbene sia innegabile la politica intrapresa dall'imperatore Claudio in campo annonario, il visibile interesse di Augusto per tutto ciò che riguardava le *frumentatione*s può essere «un autre argument ... en faveur de la paternité augustéenne du portique, en plus de l'intérêt visible de l'empereur pour tout ce qui concernait l'organisation matérielle des *frumentationes*». Sulla organizzazione di magazzini ed uffici intrapresa da Claudio nella *porticus* per destinarla alle distribuzioni di grano cfr. ROSTOWZEW, *Römische Bleitesserae* 1905, pp. 12 s.; TORELLI, *Atrium Mineruae* 2004, p. 79; SORACI, *Dalle* frumentationes *alle distribuzioni* 2006, p. 366; VIRLOUVET, *Annona* e *frumentationes* 2015, p. 77. Che le razioni di frumento fossero distribuite nella *porticus Minucia frumentaria*, almeno al tempo di Apuleio, lo si desume da Apul., *De mundo* XXXV: *et alius ad Minuciam frumentatum uenit*.

[140] VAN BERCHEM, *Les distributions* 1939, pp. 175-176.

Certi sono comunque in diverse emissioni monetali (figg. 30-31) la costruzione del *chalcidicum* ed il richiamo topografico alla statua di Minerva: se le fonti sull'edificazione del *chalcidicum* (*RG* I 19 e Cass. Dio. LI 22) non lasciano alcun dubbio sulla ristrutturazione e sull'ammodernamento augusteo, le prime rappresentazioni numismatiche della dea, risalenti ai congiari di Nerone, permettono di accertare che l'atrio a lei intitolato fu teatro delle *liberalitates* quanto meno a partire da quel principe.

Sorge a questo punto spontaneo chiedersi, pur in mancanza di dati numismatici e iconografici, se già con Augusto i *congiaria* avessero luogo proprio nell'*atrium Mineruae*: non può né deve sfuggirci che fu proprio il primo principe a concederli in diverse occasioni. È verosimile credere che nella sua politica di restaurazione di antichi costumi e del loro rispetto formale, Augusto, ristrutturando un luogo che evocava nella collettività avite tradizioni, avesse deciso di destinarlo proprio alle *liberalitates*, strumenti di governo utili a riscuotere approvazione e ad accattivarsi il favore della plebe.

Non è, quindi, un azzardo ritenere che l'*Atrium Mineruae* fosse stato teatro di *congiaria* fin dal principio, già nell'età di Augusto.

5

I *CONGIARIA* NELLA MONETAZIONE NERONIANA

Proprio al principato neroniano risalgono le prime emissioni di sesterzi e denari celebrative della concessione di *congiaria*, nelle quali per la prima volta ricorrono l'uso del termine sulle legende monetali e la rappresentazione scenografica dell'atto di liberalità (figg. 30-32), entrambi via via ripresi dai suoi successori.

Van Berchem ha opportunamente rilevato come le fonti letterarie[141] attribuiscano a Nerone solamente un congiario, malgrado i nummi celebrativi di quella liberalità siano contrassegnati dai numerali I e II.

---

[141] Mi riferisco a Tac., *Ann.* XIII 31 2 e Suet., Nero X.

Il che è stato rapportato dallo Storico al fatto che il primo congiario, in occasione del 'tirocinio' di Nerone, fu elargito nel 51 d.C., ancora sotto il principato di Claudio ma *nomine Neronis*[142], mentre il Mattingly ha preferito correlare i nummi a due tipologie di distribuzioni, la prima (I) di denaro e la seconda (II) di grano[143].

La Monzio Compagnoni, poi, pur aderendo alla tesi di Mattingly che le monete commemorative del primo e del secondo *congiarium* siano state messe in circolazione contemporaneamente, ha chiarito che entrambi i nummi furono battuti dopo l'effettiva elargizione dei *congiaria*[144], come sembra desumersi dall'indicazione del numerale, che difficilmente si sarebbe trovato nel caso di emissioni concomitanti con le distribuzioni.

Tuttavia va pur fatta salva la possibilità che il principe avesse programmato le distribuzioni e dunque ne avesse preventivamente organizzato le coniazioni celebrative.

Comunque sia di ciò, è sfuggito alla dottrina più recente un sesterzio neroniano rimasto ignoto fino al 2020, quando è stato aggiudicato nell'asta del 25 maggio NumisBids online, lotto 902: il sesterzio, molto ben conservato, reca al recto il busto laureato dell'imperatore con la legenda *Nero Claudius Caesar Aug*(*ustus*) *Germ*(*anicus*) *P*(*ontifex*) *M*(*aximus*) *tr*(*ibunicia*) *p*(*otestate*) *imp*(*erator*) *p*(*ater*) *p*(*atriae*), e al verso la legenda *Cong*(*iarium*) *III dat*(*um*) *pop*(*ulo*) *s*(*enatus*) *c*(*onsulto*). Questo sesterzio per il III congiario riprende la stessa iconografia di quello contraddistinto dal numerale I solo che qui Nerone è raffigurato *capite uelato* quale *Pontifex Maximus*: egli è assiso, la statua di Minerva sta sullo sfondo, mentre un funzionario si rivolge a una donna accompagnata da un fanciullo, che attende di ricevere il beneficio incominciando a salire la scala che porta al palco imperiale.

---

142 VAN. BERCHEM, *Les distributions* 1939, pp. 148 s.; SPINOLA, Il *congiarium* 1990, p. 11.

143 L'opinione del Mattingly è discussa ed accolta dalla MONZIO COMPAGNONI, *I* congiaria 1981, p. 34.

144 Si veda MONZIO COMPAGNONI, *I* congiaria 1981, pp. 35 s.; la PENNESTRÌ, *Distribuzioni* 1989, p. 291 ha dal suo canto ritenuto che la leggenda LIBERALITAS AVG, accompagnata da un ordinale indicasse la sequenza con la quale ogni imperatore concedeva i *congiaria*.

Fig. 32.a. Sesterzio di Nerone *capite uelato* come *Pontifex Maximus* con legenda del *cong*(*iarium*) *III*: la donna, con infante in piedi dietro di lei, solleva la stola nel salire la scala per il *podium*.

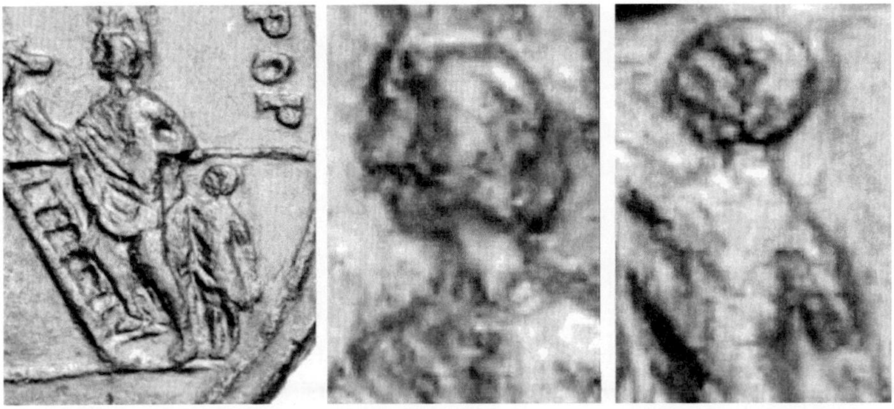

Fig. 32.b. Particolari di fig. 32.a. La donna è riconoscibile come tale dalla stola, diversa dalla toga, che solleva e dall'acconciatura a *toupé* sulla nuca, e un *toupé* che raccoglie i capelli in cima alla testa si scorge anche nella figura infantile, che sembra pertanto essere una bambina.

Nella figura che sale la scalinata, al pari del sesterzio con legenda *Cong. I*, va riconosciuta una donna dall'acconciatura dei capelli a *toupé* raccolto dietro la nuca, e dalla stola, ben diversa dalla toga. Anche la figura infantile dietro di lei ha i capelli raccolti in un *toupé*, ma stavolta piatto e non dietro la nuca, bensì in cima alla testa: pertanto sembra trattarsi di una bambina, il che ci darebbe l'informazione che Nerone avrebbe concesso il *congiarium* anche alle *puellae*.

Ora, malgrado l'unicità del nummo e la laconicità delle fonti, il valore probante della testimonianza, della cui autenticità non si è dubitato[145], mi sembra dimostrare la prevalenza del dato numismatico sulle già citate fonti letterarie, che attribuiscono a Nerone solamente un congiario e che sono oramai smentite dalle dirette testimonianze numismatiche, dalle quali si constata che quel principe concesse un II e un III congiario al popolo, forse tenendo in conto anche le *puellae*.

[145] Sul sito numisbids.com., nella descrizione del nummo, sulla legenda CONG. III si legge «possibly II re- engraved»; eppure non mi sembra molto plausibile credere che si tratti di un sesterzio riconiato, poiché di una riconiazione non si vedono le tipiche tracce, né è facile ipotizzare un errore nella legenda, se si tien conto dei controlli dei *tresuiri monetales aere argento auro flando feriundo*. Come in altri casi, disponiamo qui di una fonte numismatica coeva che integra o perfino smentisce quelle letterarie di molto successive.

Ciò comunque non deve stupirci, se si tien conto che Svetonio ricorda due *congiaria* di Caligola di 75 *denarii*, ma Cassio Dione ne attribuisce a quel *princeps* solamente uno di 300 sesterzi, tanto da dimostrare i limiti di credibilità delle fonti non contemporanee.

Il sesterzio neroniano da cui possiamo desumere che quel principe distribuì un terzo congiario, presenta la stessa iconografia di quello, battuto probabilmente nel 57 d.C. recante la legenda *cong*(*iarium*) (*primum*) *dat*(*um*) *pop*(*ulo*) *s*(*enatus*) *c*(*onsulto*)[146], raffigurante l'imperatore assiso sulla *sella curulis* sopra un *podium*, un togato seduto, probabilmente uno scriba[147] chino nel fare con lo stilo una annotazione su una *tabula*, di fronte a una donna che, con gesto di chi attende di ricevere qualcosa, gli tende la mano nel salire verso di lui, calcando con un piede il secondo gradino di una scala, in compagnia di un bambino, che le sta dietro (fig. 30, a sinistra).

Sebbene la figura che sale la scala per ricevere il beneficio sia stata identificata da alcuni con un uomo[148], una corretta lettura della rappresentazione iconografica mi ha consentito di constatare, per la serie di dettagli appena esposti (stola e *toupé*) – rimasti a quanto sembra inosservati – che in realtà si tratta molto più probabilmente, per non dire certamente, di una donna. Diversamente, poiché la veste arriva fino ai piedi, dovrebbe ammettersi che un uomo in *toga longa* e dunque di rango elevato beneficiasse dell'elargizione, il che in astratto sarebbe anche potuto accadere: infatti i requisiti richiesti per l'ammissione ai *congiaria* erano diversi da quelli previsti per le *frumentationes*, in quanto i primi variavano in relazione alla discrezionalità dell'imperatore o all'occasione per la quale erano elargiti, ma appare alquanto inverosimile che un senatore o un equestre si presentasse al cospetto del principe accompagnato da un bambino; invero più tardi, dall'età antonina fino alla costantiniana, personaggi in *toga contabulata* sono raffigurati mentre ricevono *congiaria*, ma non certo come sussidio per il mantenimento della prole indigente, bensì perché con tale arricchimento l'imperatore contava di acquistarne la lealtà.

---

[146] BECKMANN, *The function* 2015, Pl. 43,1.

[147] TORELLI, *Atrium Mineruae* 2004, cit. p. 75, scrive «...a sinistra la figura seduta di uno *scriba*, impegnato nell'atto di scrivere su di una *tabula* posata su di un tavolo».

[148] *Ibidem*.

È infatti fin troppo chiaro che quando queste liberalità erano concesse in occasioni solenni ed estese all'infanzia, ciò avveniva per ragioni di evidente povertà e si trattava dunque di plebei, come del resto precisato dalle fonti.

Sullo sfondo delle monete neroniane (figg. 30-32) appaiono anche altri personaggi: una figura femminile in tunica o stola, che esibisce, reggendolo con la mano destra per un peduncolo, un oggetto quadrangolare o rettangolare (fig. 30, 31), e Minerva, o meglio una statua che la rappresenta, con la civetta nella destra e la lancia nella sinistra.

Nerone assiso regge nella destra, o in un caso nella sinistra, un oggetto nel quale ritengo vada riconosciuto non uno scettro, inverosimile per data l'alta cronologia, ma un rotolo di papiro. Infatti Costabile lo ha dimostrato per le raffigurazioni monetali di Augusto del 28 a.C. con legenda *leges et iura p. R. restituit*, dove il papiro è arrotolato attorno all'*umibilicus* nella custodia, chiusa da *operculum*, come accade anche per il papiro tenuto da Caligola e da Claudio[149], mentre la Laurendi ha comprovato che il rotolo tenuto in mano da Traiano nella scena di *Alimenta Italiae* dell'Arco di Benevento (figg. 7.1-2) è privo di *umbilicus* e di *operculum* ed è un *libellus* contenente l'elenco dei beneficiari[150]: è questo pertinente confronto che chiarisce la natura del rotolo, probabilmente di pergamena[151] anziché di papiro, stretto in mano da Nerone (fig. 33).

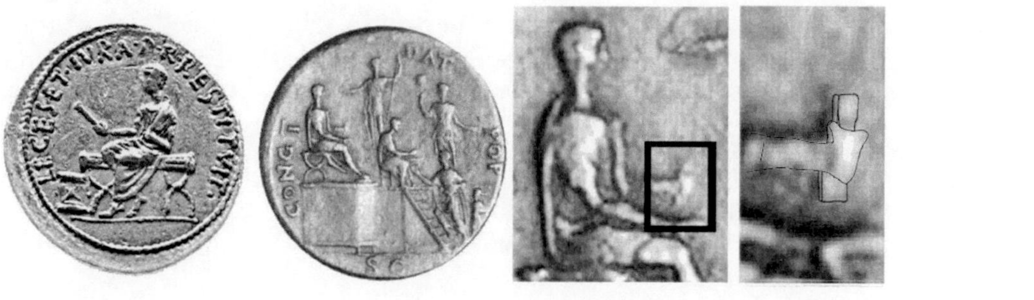

Fig. 33. Da sinistra: aureo di Augusto assiso con un rotolo in mano; sesterzio di Nerone (con dettaglio a destra) che stringe in pugno un rotolo di papiro o di peragemena.

[149] COSTABILE, *Caius Iulius Caesar* 2013, pp. 117-119.
[150] LAURENDI, *Institutum Traiani* 2018, pp. 76-80.
[151] Cfr., sopra, nota 18.

Il sesterzio del primo *congiarium* neroniano, battuto in occasione dell'elargizione del 57 d.C. (fig. 30)[152] con legenda *cong(iarium) Ī dat(um) pop(ulo) / s(enatus) c(onsulto)*, non presenta particolari varianti iconografiche.

È stato giustamente osservato che la figura femminile tunicata[153] a destra della statua di Minerva, con un oggetto quadrangolare munito di manico nella mano (tavoletta con alveoli), va interpretata come la raffigurazione allegorica della *uirtus* imperiale, o meglio della *liberalitas*, più tardi rappresentata con nuova convenzione figurativa come matrona che, oltre alla tavoletta con alveoli, regge una cornucopia da cui fuoriescono monete.

Invece la Monzio Compagnoni ha sostenuto che il personaggio femminile che tiene in mano la tavoletta rettangolare ad alveoli, da alcuni identificato con la *liberalitas*, altri non sia che un inserviente in tunica corta, com'è parso all'Hamberg[154] per via della mancanza della cornucopia usualmente rappresentata e delle fuoriuscenti monete associate a quella *uirtus*[155]. Anche a voler prescindere dal dato che solamente dall'età antonina in poi[156] la personificazione della *liberalitas* inizia ad essere rappresentata in atto di profondere monete dalla cornucopia[157], il fatto che in un sesterzio battuto da Nerva in occasione di un congiario, sul quale avrò modo di ritornare, la figura femminile accanto a Minerva regga in mano solo la tabella alveolata, simbolo essenziale ed evocativo dei *congiaria*, ci fa capire che trattasi solamente di una variante iconografica della personificazione di quella allegoria.

La rappresentazione iconografica del sesterzio recante la legenda *cong(iarium) (iterum) dat(um) pop(ulo) s(enatus) c(onsulto)*, battuto in occasione del secondo congiario di Nerone, lo rappresenta,come si è visto, assiso sulla *sella curulis* sopra un *podium*, con un personaggio alle sue spalle, la statua di Minerva sullo sfondo e, ai piedi del palco, un togato che consegna a un plebeo un oggetto rettangolare munito di

---

152 BECKMANN, *The function* 2015, Pl. 43,2.

153 PENNESTRÌ, *Distribuzioni* 1989, pp. 290 s.; MANCINI, *Liberalitas Augusti* 2011 p. 19.

154 HAMBERG, *Studies in Roman Imperial art* 1968, p. 34.

155 MONZIO COMPAGNONI, *I* congiaria 1981, p. 36.

156 CHIAPPINI, Liberalitas *and* congiaria 2020, p. 88.

157 GREGORI, *Tra numismatica ed epigrafia* 2001-2003, p. 346.

manico, sulla cui superficie si possono riconoscere fori o alveoli circolari probabilmente destinati a contenere monete impilate (fig. 30 in alto a destra)[158], oggetto su cui ritornerò specificamente.

Per il momento basti dire che l'identificazione del togato, posto accanto all'imperatore nel nummo succitato, con il *praefectus annonae*[159], che presiedeva la distribuzione del *congiarium*, costituisce ulteriore conferma del trasferimento delle funzioni largitorie dagli edili al prefetto annonario, e dunque anche della possibilità di anticipare ad età augustea la datazione dell'Ara degli Scribi.

---

158 TORELLI, *Atrium Mineruae* 2004, p. 75.

159 MONZIO COMPAGNONI, *I* congiaria 1981, p. 19; pure GREGORI, *Tra numismatica ed epigrafia* 2001-2003, p. 345 ha ritenuto che il personaggio posto dietro il *princeps* possa essere il *praefectus annonae*.

Tav. III. Ritratti di *Marcus Vergilius Eurysaces*, fornaio, appaltatore di forniture frumentarie a Roma ed assistente dei magistrati, e della moglie *Atistia*, della quale seppellì le ceneri in un'urna sagomata come un paniere di vimini nel monumentale sepolcro a forma di forno eretto a ricordo dell'attività che lo aveva arricchito. L'epitaffio recita: *Fuit Atistia uxor mihei, | femina opituma ueixsit | quoius corporis reliquiae | quod* sic! *supererant sunt in | hoc panario.*

Capitolo III

Congiaria per l'Urbe e *Alimenta Italiae*
differenze istituzionali

Fig. 34. Sesterzio di Nerva assiso sulla *sella curulis* con un rotolo in mano: la persona che sale la scala per ricevere il congiario è seguita da un ragazzino, probabile beneficiario (dettaglio sotto)

1

La duplice iconografia monetaria del *CONGIARIVM* di Nerva

Il Van Berchem, a proposito del congiario di Nerva del 96 d.C., di cui si ha notizia sia dal *Chronicon*[160], sia da qualche emissione monetale, scrive che fu elargito in occasione dell'ascesa di quel principe e non più, come accadeva in precedenza, in esecuzione del testamento del predecessore[161].

Malgrado l'esattezza del dato, tanto allo Studioso elvetico, quanto alla maggioranza della dottrina, è sfuggito che – proprio fra le monete con legenda *CONGIAR PR SC* usualmente rappresentanti un cittadino in attesa del congiario[162] – un esemplare mostra dietro il beneficato «a youth standing behind the citizen[163]»: questa peculiarità, rilevata dalla Monzio Compagnoni nel 1981 nel suo studio sui *congiaria*, costituisce a mio modo di vedere vivida testimonianza del fatto che il *congiarium* del 96 d.C., l'unico, a quanto sembra, elargito nel breve principato di Nerva, fu probabilmente esteso ai fanciulli. Anche Nerva, come si è visto per Nerone (fig. 33), stringe nella mano un rotolo, simbolo dell'elenco dei beneficiari, che siamo ormai assuefatti a vedere nel caso di *liberalitates*, come nel Traiano degli *Alimenta Italiae* dell'Arco di Benevento (figg. 7.1-7.2).

Il fatto che monete siano state battute con duplice iconografia, ovvero con la presenza del fanciullo limitata a qualche esemplare, spinge a credere o che nel sia pur brevissimo suo principato Nerva distribuì un altro congiario, di cui però non v'è traccia nelle fonti, oppure, come a me sembra più probabile, che il congiario avesse non solamente due categorie di destinatari, adulti e minori, ma pure due moda-

---

160 *Chron.* a. 354; Paufler, *Quaestio antiquaria de pueris et puellis alimentariis* 1858, p. 7 nt. 10.

161 Van Berchem, *Les distributions*, 1939, pp. 151 s.

162 Mi riferisco a *RIC* II 56 in cui il beneficiario che percorre la scalinata non è accompagnato da alcun fanciullo. Spinola, *Il congiarium* 1990, p. 29 e fig. 37.

163 Mattingly, *RIC* II 57.

lità di elargizione: quest'ultima possibilità mi sembra potersi desumere proprio dalla scelta di rappresentare distintamente sulle monete celebrative le due generazioni, forse anche per dare particolare rilievo all'inclusione dei fanciulli. Pure in questo, dunque, Nerva sembra avere dimostrato la sua capacità di governo durante il suo rapido principato, seguendo sì l'orma di Augusto, ma anche anticipando provvedimenti che avrebbero trovato compiuto sviluppo sotto i suoi successori. L'iniziativa in favore dei minori nell'Urbe non deve comunque stupire, perché proprio lo stesso Nerva, sia pure con un sistema meno articolato rispetto a quello di Traiano, aveva intrapreso iniziative a favore dell'infanzia, ordinando che fanciulli e fanciulle d'Italia nati da genitori indigenti fossero alimentati a spese pubbliche attraverso le amministrazioni cittadine: se questa testimonianza è stata da molti correlata alla c.d. 'paternità nerviana' degli *Alimenta Italiae*[164], l'*Epit. de Caesaribus* XII 4: *puellas puerosque natos parentibus egestosis sumptu publico per Italiae oppida ali iussit*, e il corretto significato dell'espressione *per Italiae oppida* data dalla Laurendi, permettono di capire che Nerva, attraverso «un decentramento empirico ed efficace»[165], demandò alle città d'Italia il compito di attuare localmente l'iniziativa del principe. Si può anzi supporre che, in un modo che troviamo riflesso nel programma traianeo, Nerva abbia esteso a Roma stessa *frumentationes* e *congiaria* per i fanciulli indigenti.

Merita a tal proposito essere ricordato che un nummo con legenda *PLEBEI VRBANAE FRVMENTO CONSTITVTO*[166], recante l'immagine (fig. 35) di un moggio colmo di spighe, ricorda la concessione da parte di Nerva di una distribuzione gratuita di grano alle classi disagiate nel 97 d.C.[167] o forse, come qualcuno ha pensato, una riforma voluta proprio da quel principe in materia frumentaria.

---

[164] Rimando a LAURENDI, *Institutum Traiani* 2018, cit., p. 55, con approfondita trattazione e ampia bibliografia.

[165] La LAURENDI, *Institutum Traiani* 2018, cit., pp. 55 s., rilevando la correlazione dell'espressione *per Italiae oppida* con *sumptu publico* e non con *puellas puerosque*, ha dedotto il ruolo di "tramite" demandato alle città d'Italia nell'iniziativa nerviana.

[166] *RIC* II 89.

[167] PENNESTRÌ, *Distribuzioni* 1989, p. 300, n. 35, annovera, fra i nummi con il tipo del *modius*, *RIC* I ^{2}, nr. 84-91, risalenti a Claudio.

Fig. 35. Sesterzio di Nerva con *modius* colmo di spighe e legenda allusiva alla distribuzione gratuita di frumento alla plebe urbana (97 d.C.).

Difatti, la moneta – come osserva Soraci[168] – è stata oggetto di diverse e discordanti interpretazioni: se, per il Mommsen[169], Nerva avrebbe in un primo momento abolito le *frumentationes* per ripristinarle dopo, per il Cardinali[170] i nummi celebrano una serie di provvedimenti presi da quel principe per il regolare funzionamento delle distribuzioni, piuttosto che il loro inizio, mentre il Van Berchem[171] pensava che le emissioni celebrassero la restituzione ai senatori del titolo di *praefecti frumenti dandi.* Infine, secondo il Syme[172], i sesterzi sarebbero stati battuti per ricordare distribuzioni *extra* di frumento, mentre per il Chilver li si potrebbe riferire «to some abnormal distribuition of corn»[173].

Comunque sia, in mancanza di ulteriori ed esplicite informazioni sulle circostanze che spinsero Nerva a far battere i nummi con il *modius* ricolmo, appare fuori discussione il suo intervento nel campo delle frumentazioni e dell'approvvigionamento granario, come esplicita la raffigurazione delle spighe di grano, iconografia presente anche nella monetazione di altri *principes* a partire dallo stesso Augusto[174]. La legenda *plebei urbanae frumento constituto* mi sembra alluda ad una

[168] SORACI, *Dalle* frumentationes *alle distribuzioni di pane* 2006, p. 369.
[169] MOMMSEN, *Die römischen Tribus* 1844, p. 193.
[170] CARDINALI, *Frumentatio* 1962, pp 237-238
[171] VAN BERCHEM, *Les distributions* 1939, pp. 77 s.
[172] SYME, *The imperial finances* 1930, p. 62.
[173] CHILVER, *Princeps et frumentationes* 1949, p. 11.
[174] Cohen II n. 32

constitutio imperatoria e forse anche ad una iniziativa non occasionale, ma programmatica nel tempo, da parte di Nerva. Tornando ora ai *congiaria* per i *pueri*, l'assunto sull'estensione ai fanciulli di *frumentationes* e *congiaria* trova ora straordinaria conferma nella testimonianza numismatica citata (fig. 34), la quale permette di constatare come l'iniziativa augustea di estendere i *congiaria* ai più piccoli non fu proseguita solamente da Nerone, ma fu condivisa pure da Nerva, che nel suo brevissimo ma efficientissimo principato non mancò di includere nella liberalità anche i fanciulli di Roma.

2

LE LIBERALITÀ DI TRAIANO RISERVATE ALL'URBE: I *CONGIARIA* AGLI ISCRITTI NELLE LISTE DEI BENEFICIARI

Dopo Nerone, il soccorso all'infanzia fu organizzato nel sistema degli *Alimenta Italiae*[175], istituzionalizzato da Traiano ma che si presume fondatamente già concepito da Nerva[176], e preceduto dagli *alimenta* d'iniziativa privata, tutti oggetto di ricerche fin dalla scoperta delle *Tabulae Alimentariae* di Veleia e dei *Ligures Baebiani*: tuttavia le indagini hanno portato negli ultimi anni ad un considerevole avan-

[175] La concessione di prestiti ai proprietari fondiari era dunque subordinata a una *professio* dei terreni, che costoro facevano indicandone il *pagus* d'appartenenza, la destinazione economica e gli estremi catastali: una volta che si fosse resa la dichiarazione si procedeva all'*aestimatio* dei *praedia* e alla costituzione di una garanzia reale (*obligatio praediorum*), cui faceva seguito l'obbligo di corrispondere un basso interesse annuo sul prestito – a fronte del 12% del tasso legale – somme che sarebbero confluite nelle casse cittadine e corrisposte a titolo di *alimenta* attraverso un efficiente apparato burocratico costituito da *quaestores* e *praefecti* a *pueri* e *puellae*. Cfr. CORBO, *Traiano e gli 'Alimenta'* 2019, pp. 188 ss; LAURENDI, *Institutum Traiani* 2018, p. 68 e pp. 89 ss.

[176] Benché la legenda monetale di un nummo e un passo dell'*Epitome de Caesaribus* abbiano spinto diversi studiosi a credere che gli *alimenta* siano stati istituti da Nerva, ritengo incontrovertibile quanto sostenuto, con valide argomentazioni esegetiche e testuali sull'attuazione dell'iniziativa di quell'imperatore *per Italiae oppida*, dalla LAURENDI, *Institutum Traiani* 2018, pp. 45 ss. Sulla comparsa delle prime inziative alimentari di Nerva cfr. SACCOCCIO, Victus *e* alimenta 2012, p. 147.

come risulta proprio da *Panegyricus* 28: va detto però che, sebbene nel passo appena citato Plinio esalti nello stesso tempo *congiaria* e *alimenta*, l'evidente richiamo nei paragrafi precedenti al primo tipo di liberalità concessa da Traiano, e il differente sistema con cui venivano elargiti gli *alimenta*, ha giustamente spinto taluni studiosi a credere che l'iscrizione di 5000 bambini sia da riferire al congiario[185].

La Pennestrì[186] e la Lamotte[187] sono portate a credere che i 5000 posti aggiunti nel Circo Massimo da Traiano per le 35 tribù, stando a *Panegyricus* 51.5 e a *CIL* VI 955 = *ILS* 286, fossero riservati ai 5000 bambini ammessi dall'imperatore fra gli iscritti agli *alimenta*, ma può anzitutto obiettarsi che Plin., *Paneg.* 51.5 scrive dell'accrescimento dei *congiaria* e non degli *alimenta*; inoltre va considerato il rapporto discusso in dottrina fra le 35 *tribus*, la *plebs urbana* e la *plebs frumentaria*: furono Mommsen[188], van Berchem[189] e Nicolet[190] che pensarono a tale coincidenza e possono considerarsi all'origine dell'opinione successivamente argomentata anche dalla Pennestrì e dalla Lamotte, ma tale presunta coincidenza è contestata dalla Virlouvet, che cita l'epigrafe onoraria *CIL* VI 943 di Tito, posta dalla *plebs urbana* e dalle 35 *tribus*, deducendone sagacemente che l'una non coincideva evidentemente con le altre[191].

Inoltre, proprio in merito al passo del Panengirico sull'ampliamento di 5000 posti nel Circo Massimo, la convinzione del Mommsen, e sulla sua scia del Durry, dell'Esperandieu[192] e del Rusca[193], che dopo l'estensione della cittadinanza nell'89 a.C. nelle 35 *tribus* fosse-

---

[185] LO CASCIO, *Alimenta Italiae* 2000, pp. 294-295, che però riferisce alle *frumentationes* il passo sull'estensione dei *congiaria* ai 5000 fanciulli della *plebs urbana*; SORACI, *Dalle* frumentationes *alle distribuzioni di pane* 2006, p. 370, n. 48, segnala il diverso orientamento in dottrina fra quanti hanno ritenuto che il passo fosse riferito ai *congiaria* e quanti invece l'hanno rapportato alle *frumentationes*.

[186] PENNESTRÌ, *Distribuzioni* 1989, p. 308.

[187] LAMOTTE, *L'oeuvre de Trajan* 2007, p. 195.

[188] MOMMSEN, *Droit publique* 1889, p. 32 n. 7.

[189] VAN BERCHEM, *Les distributions* 1939, pp. 61-63.

[190] NICOLET, *Tessères* 1976, p. 701 n. 15.

[191] VIRLOUVET, *Tessera* 1995, p. 233.

[192] ESPERANDIEU, *Congiarium* 1961, p. 600.

[193] DURRY, *Pline le Jeune* 1938, p. 235, seguito da RUSCA, *Plinio il Giovane* 1963, p. 440 *sub* 25.

ro iscritti solo i plebei, a esclusione dell'*ordo equester* e dell'*ordo senatorius*, è troppo tassativa: nei *comitia tributa* aveva infatti diritto di voto l'intera cittadinanza[194] e l'indicazione della tribù è ricorrente nelle iscrizioni di personaggi di rango equestre come senatorio[195].

Non può dunque escludersi che i 5000 nuovi posti per le 35 tribù nel Circo Massimo fossero ripartiti almeno fra cavalieri e plebei, ma anche nel caso fossero destinati solo a questi ultimi, la cosa più probabile è che la corrispettività fra i 5000 posti e i 5000 bambini aggiunti ai *congiaria* significhi che quei posti spettassero non ai bambini, ma piuttosto ai loro genitori. Difatti, come la Lamotte stessa ammette, Plinio e Cassio Dione LXVIII 7.2, nel riferire il numero di 5000 posti nel Circo, non menzionano affatto i bambini.

La Virlouvet[196], poi, ha più recentemente sostenuto che la misura di Traiano destinata a quasi 5000 bambini comportò un aumento della plebe frumentaria: secondo la Studiosa alcuni dei fanciulli ammessi e ricercati dall'imperatore sarebbero nati da cittadini usualmente esclusi dalle *frumentationes* o da famiglie appena insediatesi, promuovendone così l'integrazione. Le finalità di questi interventi di assistenza a favore dell'infanzia, educata e sovvenzionata dal *princeps*[197], miravano dichiaratamente – come ho già ricordato – all'incremento demografico e

---

[194] CELS-SAINT-HILAIRE, *La République des* tribus 1995 (benché non riguardi la cronologia che qui interessa); BUNSE, *Comitia consularia* 2005, pp. 17-30; SANDBERG, *Magistrates and Assemblies* 2001; ARICÒ - ANSELMO, *Comitia* 2012; EAD., *Dal Foro al Comizio* 2015, pp. 241-252.

[195] GIOVANNI FORNI – GIOVANNA MARIA FORNI, *Le tribù romane, I Tribules*. I (A-B), Roma 1996; II (C-I), Roma 1999; III (L-S), Roma 2007; IV (T-Y) Roma 2012; v. anche GIOVANNI FORNI, *Le tribù romane. III. 1, Le Pseudo-tribù*, Roma 1985; ID., *Le tribù romane*, IV, Roma 2006; aggiungi ora ID. (†), *Le tribù romane. Indici, a cura di Lorenza Lastrico, Prefazione di Giovanni Mennella*, Roma 2020.

[196] VIRLOUVET, *La plèbe frumentaire* 2009, pp. 74 ss.

[197] Plin., *Panegyr*. 26, 3: ...*ut iam inde ab infantia parentem publicum munere educationis experirentur, crescerent de tuo, qui crescerent tibi, alimentisque tuis ad stipendia tua peruenirent, tantumque omnes uni tibi, quantum parentibus suis quisque deberent.* Come giustamente osservato a proposito della possibilità d'intendere il verbo *educare* nella legislazione costantiniana (CTh. 11.27. 1-2) nel senso di nutrire anziché nel significato proprio del termine, parimenti mi sembra possa essere inteso in Plinio; sulla accezione di *educare* cfr. CORBO, *Paupertas* 2006, p. 15 n. 5; LAURENDI, *Institutum Traiani* 2018, p. 158 n. 295.

al futuro arruolamento dei fanciulli nell'esercito[198]. Benché non ci sia dato sapere quanto Plinio enfatizzi e/o falsifichi la realtà storica per esaltare il suo idolo, da un esame comparato delle fonti sembra che l'inclusione dell'infanzia nei *congiaria* fosse stata voluta da almeno alcuni fra i predecessori di Traiano, se si pensi per l'appunto alla testimonianza svetoniana su Augusto, dalla quale risulta l'estensione di quelle liberalità ai minori di undici anni, e ai bambini raffigurati nella monetazione commemorativa di *congiaria* di Nerone e Nerva.

Invero, il fatto che i *congiaria* fossero distribuiti in via eccezionale, e non con una cadenza pressoché mensile, a un numero più o meno variabile di beneficiari ha fatto presumere che le liste degli aventi diritto fossero le stesse delle frumentazioni[199], identità che sarebbe ancor di più rafforzata dall'uso del verbo *incidere* e dal termine *erasi* in contesti riferiti a *congiaria*[200].

Anche a voler prescindere dal dibatittito dottrinario creatosi sul 'tipo' di liberalità estesa ai fanciulli in età traianea, va rilevata la ricorrente confusione tra *frumentationes*, *congiaria* e perfino *alimenta*[201]: taluni hanno ritenuto che i bambini fossero stati iscritti nei registri delle *frumentationes*, talaltri invece hanno creduto che fossero state redat-

---

[198] LO CASCIO, *Il princeps e il suo impero* 2000, p. 271.

[199] Si è sostenuto che le *tabulae* con le liste degli aventi diritto alle *frumentationes* non fossero altro che quelle del *census populi* custodite nel tempio delle Ninfe. LO CASCIO, *Le procedure* 1997, pp. 7 ss; TORELLI, *Atrium Mineruae* 2004, p. 79. COARELLI, *Un frammento* 2021, p. 147.

[200] Il VAN BERCHEM, *Les distributions* 1939, pp. 127-130, ha ritenuto che, sebbene sia esatto parlare di una inevitabile confusione fra *congiaria* e *frumentationes* verificatasi nel tempo, solo per le seconde si può trattare di un vero e proprio diritto del cittadino romano. Quanto ai beneficiari di entrambe le liberalità, ha affermato che «blé et congiaire vont aux mêmes individus, avec cette réserve qu'avant la réforme de Trajan, les enfants exclus de la *frumentatio* étaient parfois admis, à titre exceptionnel, aux distributions d'argent. Blé et congiaires sont réservés à cette classe des citoyens, que nous avons dite privilégiée». Di contrario avviso TORELLI, *Atrium Mineruae* 2004, pp. 78 ss., il quale crede che i *congiaria* non fossero destinati solo agli iscritti alle *frumentationes*, trattandosi di largizioni per tutto il popolo; COARELLI, *Un frammento* 2021, p. 147 chiarisce che l'uso dei termini *incisi* ed *erasi* a proposito delle *tabulae* delle *frumentationes* alluda al supporto su cui erano indicati i nomi degli aventi diritto, ovvero tavole di bronzo.

[201] Sui divergenti orientamenti in dottrina rinvio al CARDINALI, *Frumentatio* 1962, pp. 254.

te nuove liste[202], altri ancora che i nomi dei bambini fossero stati incisi in tavole diverse da quelle di bronzo. Comunque si voglia pensare le cose siano andate, direi che la testimonianza pliniana certamente implica quantomeno l'esistenza di un elenco degli aventi diritto inciso sul metallo, bronzo, rame o piombo che fosse. In questo contesto, credo sia utile ricordare che i provvedimenti traianei per Roma, consistenti in elargizioni di frumento (*frumentationes*) e distribuzioni di denaro (*congiaria*), differivano dagli *Alimenta Italiae*[203], fra le altre cose, perché questi ultimi avevano come destinatarie le *ciuitates* della Penisola – si è visto fin da Nerva: *per Italiae oppida* (*Epit. de Caesaribus* XII 4) – poi perché fondati su un sistema di prestiti garantiti da terreni, che si discostava nettamente dalle *frumentationes* e dai *congiaria* riservati a Roma ed esaltati nel Panegirico: si trattava dunque di liberalità che, al contrario degli *Alimenta Italiae*, prescindevano del tutto dalla concessione di prestiti assistiti da garanzie fondiarie (*obligationes paorum*) ed erano dichiaratamente finalizzate, a testimonianza dello stesso Plinio, a favorire l'incremento demografico per il futuro reclutamento di cittadini romani in un esercito ormai in progrediente provincializzazione. Pur nell'estrema genericità retorica con cui Plinio esalta l'ingegnosa *liberalitas* del *princeps*, la diversità fra *congiaria* e *alimenta*, benché non espressamente dichiarata, si coglie dalla continua contrapposizione fra le due diverse iniziative imperiali: Plin., *Paneg.* 27: *magnum quidem est educandi incitamentum tollere liberos in spem alimentorum, in spem congiariorum*; Plin., *Paneg.* 28, 2: *nullam congiario culpam, nullam alimentis crudelitatem redemisti*; Plin., *Paneg.* 28, 7: *dabis congiaria, si uoles*; *praestabis alimenta, si uoles*. Ciò, a mio vedere, smentisce ulteriormente la presunta identità dei due istituti[204].

---

[202] PENNESTRÌ, *Distribuzioni* 1989, p. 296, osserva come, malgrado i *congiaria* furono concepiti come supplemento al frumento pubblico, i destinatari delle due distribuzioni non coincidessero. Cfr. pure CRACCO RUGGINI, *L'annona di Roma* 1985, p. 229.

[203] Come magistralmente evidenziato dalla LAURENDI, *Institutum Traiani* 2018.

[204] CARRIÈ, *Les distributions alimentaires* 1975, p. 1004 n. 2, a proposito delle iniziative traianee riportate nel Panegirico, ritiene ingiustamente ed erroneamente «paradoxal» quanto ritenuto dal Van Berchem sulla diversità fra *alimenta* e provvedimenti presi per l'Urbe, poiché «rien ne prouve en tout cas que Pline fasse, dans l'élan de son éloquence, la distinction entre les libéralités de l'empereur selon qu'elles s'adressent aux habitants de la capitale ou à ceux des villes italiennes». LAMOTTE, *L'oeuvre de Trajan*

Tornando invece alla questione relativa alla coincidenza fra beneficiari di *congiaria* e di *frumentationes*, il Cardinali ha ritenuto che l'utilizzo del termine *erasi* vada letto come inequivocabile riferimento alle tavole delle *frumentationes*; e ciò potrebbe – a suo dire – altresì desumersi da un passo di Svetonio[205] sull'annuncio di un congiario di Augusto, in occasione del quale si verificarono una serie di *manumissiones* di schiavi al fine di consentirne l'iscrizione nell'elenco dei neocittadini (*ergo* aventi diritto alle *largitiones*).

Che i nominativi dei beneficiari del frumento pubblico fossero iscritti su lastre di bronzo è confermato dal ritrovamento di un frammento di grande tavola spessa 5 cm, archeologicamente databile dallo scarico in cui si trovava fra il 25 ed il 50 d.C., che conserva poche lettere con acume integrate da Filippo Coarelli, sulla cui base trascrivo:

[--- IN] MVRO [---]
[--- QVI FRVMEN]T(O)
PVBL(ICO) I[NCISI SVNT ---]

tanto da farci comprendere l'uso di affiggere su muro le *tabulae*, si solito custodite nel Tempio delle Ninfe, identificato con quello situato in Via delle Botteghe Oscure[206].

Fig. 26. Frammento di grande tavola bronzea con elenco degli iscritti al *frumentum publicum* (25-50 d.C.).

2007, pp. 192-194, in merito alle liberalità di Traiano, ritiene che «il faut d'ores et déjà distinguer les fondations de Rome, que nous appellerons à la suite de Pline le Jeune *alimenta*, et celles des cités d'Italie, que nous appellerons *alimenta* italiens. De nombreuses études associent en effet les deux types d'*alimenta*, mais il n'est pas certain qu'un tel rapprochement soit légimite»; e ancora ribadisce: «il ne faut pas confondre à cette occasion *alimenta* et *frumentationes*, car on ne peut affirmer que cette mesure signifie l'ouverture définitive des *frumentationes* à tous les enfants de citoyens».

[205] CARDINALI, Frumentatio 1962; Suet., *Aug*. XLII 2

[206] COARELLI, *Un frammento* 2021, p. 147 e in part. pp. 144 ss.

Possiamo, in questa sede, prescindere da un'analisi puntuale dei problemi di identificazione dei beneficiari di entrambe le distribuzioni, ma bisogna ricordare che alcuni studiosi hanno creduto che fossero i medesimi; difatti, secondo gli assertori dell'identità, fra le altre cose le due liberalità finirono se non per confondersi, almeno per divergere poco le une dalle altre, e inoltre si è argomentato che il richiamo di Plinio a liste nominative per ottenere le elargizioni è alquanto generico e sarebbe dunque da considerarsi per questo onnicomprensivo. Ciò considerato, mi sembra importante segnalare quanto segue.

Benché '*incidere*' e '*locum erasorum*' (Plin., *Paneg.* 25,3: *qui post edictum tuum in locum erasorum subditi fuerant, aequatique sunt ceteris illi etiam, quibus non erat promissum*) facciano credere che i nominativi dei fanciulli siano stati iscritti in *tabulae* di bronzo, sulle quali si procedeva per l'appunto all'incisione dei nominativi di chi riceveva il pubblico frumento[207], la complessa questione sulle modalità di ammissione alle liberalità mi porta a credere che l'utilizzo di entrambi i termini, seppure tecnici, in luoghi riferiti a *congiaria*, presupponga sia il riferimento a una lista di intestatari, quale che fosse, sia l'esistenza di procedure atte a controllare, registrare e sostituire il numero dei beneficiari: infatti scene relative a *congiaria* – come si è visto e ancora si vedrà dalle fonti inconografiche e numismatiche – testimoniano la presenza di grandi *tabulae*, *rotuli* e *libelli* recanti molto probabilmente l'elenco degli aventi diritto: sembra legittimo domandarci se le tavole contenessero liste più ampie, diversamente da quelle redatte in rotoli o libelli, più compendiarie, nelle quali sarebbero stati indicati i beneficari di un *uicus* o di un'*insula*, se si tien conto della testimonianza tràdita da Svetonio sui censimenti di Cesare e di Augusto: quello cesariano *uicatim* e *per dominos insularum*, quello augusteo soltanto *uicatim*[208].

---

[207] Sull'iscrizione dei nominativi degli aventi diritto al frumento publico (*incisi*) in *tabulae* cfr. VAN BERCHEM, *Les distributions* 1939 p. 91.

[208] Oltre ai passi di Svetonio sulle vite di Cesare e di Augusto, qualche sporadico riferimento collega il *uicus* alle distribuzioni di frumento: agli inizi del 212 a.C. i due edili, Scipione Africano e Marco Cornelio Cetego, organizzarono i *Ludi Romani* concedendo olio ad ogni *uicus* di Roma: Liu., XXV 2,8; VAN BERCHEM, *Les distributions* 1939 p. 119; PANCIERA – VIRLOUVET, *Les archives de l'administration du blé* 1998, p. 254.

Riprendendo il problema dell'estensione delle *frumentationes* ai bambini, se da un lato diversi epitaffi, attestanti l'uso del termine *incisus* per indicare l'intestatario regolarmente registrato, confermano che il diritto al frumento pubblico non fosse usualmente riconosciuto ai più piccoli[209], il riscontro lessicale, in un altro documento epigrafico riferito ad un congiario, consente parimenti di cogliere analoghe conclusioni anche per questo tipo di liberalità: è infatti interessante e meritevole di approfondimento un'epigrafe[210], datata fra la fine del II e l'inizio del III secolo d.C., recante l'*adprecatio* agli Dei Mani, dedicata dal padre al piccolo Eutychés, *incisus* e *ingenu‹u›s*, beneficiario di un *congiarium denariorum centum*, morto a sei anni e sei giorni.

Si è sostenuto in dottrina che il ricorrere della qualifica di *ingenuus*, data al defunto in occasione del ricordo del godimento del beneficio, varrebbe a provare il suo inserimento in una particolare lista di beneficiari, che lo prevedeva a titolo straordinario, e che forse era destinata esclusivamente agli *ingenui*.

Scarsità di testimonianze e laconicità delle fonti consentono di avanzare solamente ipotesi, spesso indotte da comparazioni con analoghe modalità di concessione (si pensi a quelle attestate ad Ossirinco).

È tuttavia plausibile credere, stante l'organizzazione gerarchica riscontrata nei più diversi generi di liste (*exempli causa* gli Albi degli Augustali) che vi siano state liste per diverse categorie di beneficiari, provviste di eventuali suddivisioni interne, che consentissero la sostituzione o l'inserimento nel caso di posti resisi vacanti.

Ciò, a mio vedere, potrebbe essere confermato – se s'immagina per i *congiaria* un funzionamento amministrativo analogo a quello previsto per le *frumentationes* – dalla prassi cui ricorse Cesare, quando, a seguito del censimento da lui disposto *uicatim* e *per dominos insularum*, ridusse il numero degli aventi diritto al frumento pubblico, ma ordinò, al fine di evitare agitazioni popolari, che in occasione della

---

[209] Vd. *infra*.

[210] *CIL* VI 10228 = *ILS* 6066: *D.M.* | *Eutycheti filio* | *qui uixit annis VI* | *diebus VI incisus* | *ingenu‹u›s* sic! *qui accepit* | *congiarium* ✗ *C* | *fecit pater be|ne merenti*, su cui PANCIERA – VIRLOUVET, *Les archives de l'administration du blé public à Rome* 1998, p. 255; MROZEK, *Die epigraphische Streuung* 2000, p. 120; LAMOTTE, *L'oeuvre de Trajan* 2007, p. 223.

revisione del censimento, ogni anno, al posto dei defunti, venissero aggiuti i nominativi di quelli che non erano stati inclusi nel precedente elenco[211].

È comunque certo che negli epitaffi la menzione dell'ottenimento di un congiario o del frumento pubblico costituiva un fatto eccezionale, meritevole di essere ricordato: ciò peraltro sembra rafforzare quanto emerso sulla possibilità che i fanciulli potessero essere inclusi nei *congiaria* a seconda della discrezionalità del *princeps*, discrezionalità ampiamente attestata dalle fonti e che, nel caso di Augusto, si spinse fino ai minori di undici anni.

3

SISTEMATICITÀ DELLE OPERAZIONI DI DISTRIBUZIONE DEI *CONGIARIA* E PARZIALITÀ DELLA TESTIMONIANZA PLINIANA SU TRAIANO

La comparazione tra le fonti storico-letterarie e la documentazione iconografica ha finora dimostrato che, già a partire da Giulio Cesare e poi per lo meno con Augusto, vi furono elargizioni organizzate sistematicamente mediante l'identificazione di chi ne avesse diritto: dunque con il ricorso ad una organizzazione burocratica di magistrati e/o di funzionari imperiali, di scribi e di loro assistenti, deputati al riconoscimento dei beneficiari e molto probabilmente, quantomeno in alcuni casi, con l'estensione all'infanzia della plebe urbana.

Mentre Giuseppe Cardinali si dichiarò persuaso che dopo Augusto e prima di Traiano ai bambini non fosse più riconosciuto il diritto ai *congiaria*[212], al contrario, Michail Rostowzew dichiarò di essere convinto che dopo Augusto e prima di Traiano i bambini non restassero esclusi dai *congiaria*, pur ritenendo che non vi fossero prove che lo dimostrassero[213].

---

[211] Suet., *Iul.* XLI 4. Sul censimento cfr. GRECO, Census 2022, p. 177.
[212] CARDINALI, *Frumentatio* 1962, p. 255.
[213] ROSTOWZEW, *Sylloge* 1903, p. 44.

I due Autori, tuttavia, non tennero conto della testimonianza, già ricordata, delle emissioni di sesterzi di Nerone in occasione dei suoi tre *congiaria*, sesterzi nei quali è rappresentato inequivocabilmente un bambino dietro il beneficiario adulto che si accinge a salire sul podio (fig. 31): i bambini prendono dunque parte alle distribuzioni come beneficiari, per di più in un contesto figurativo che coinvolge scribi e funzionari addetti a verifiche e registrazioni.

Già questo basterebbe a capire quanto partigiana sia la dichiarazione di Plinio Secondo nel *Panegyricus* che Traiano sarebbe stato il solo ad avere riconosciuto i *congiaria* come un diritto della plebe urbana, mentre prima di lui i plebei sarebbero stati non cittadini titolari di un diritto, ma miseri questuanti che supplicavano, spesso invano, l'imperatore di turno, cercando di commuoverlo perfino mettendosi in groppa il proprio bambino[214].

Tale scena del padre con il bimbo sulle spalle per impetrare il *congarium* dal *princeps* la troviamo descritta e biasimata da Plinio Secondo come vergognosa per la dignità dei *ciues Romani* (fig. 7a), e può anche darsi che il Panegirista si riferisse proprio al monumento augusteo che la rappresentava, ma invero il suo *optimus princeps* non ne andava esente: nell'Arco di Traiano a Benevento la raffigurazione dei padri che si accollano il proprio bimbetto, derivante dal perduto rilievo augusteo evocato nell'Ara degli Scribi, benché pertinente agli *alimenta Italiae* e non ai *congiaria* dell'Urbe, basterebbe a smentire clamorosamente l'affermazione pliniana ed a marcare la distanza fra l'esaltazione cortigiana e la realtà storica dell'organizzazione amministrativa imperiale normativamente disciplinata, probabilmente mediante *constitutiones principum*.

---

[214] CARDINALI, *Frumentatio* 1962, p. 255, confonde *frumentationes* alla *plebs urbana* e *alimenta Italiae*, quando scrive «... perciò ... siamo sicuri che l'istituto degli *alimenta* in Roma fosse attuato coll'iscrizione dei fanciulli nelle tavole stesse delle frumentazioni»; invero gli *alimenta* erano un sistema di prestiti assistiti da garanzie fondiarie (*obligatio praediorum*), i cui interessi erano utilizzati per corrispondere gli *alimenta*, per tali intendendosi non solo i *cibaria*, ma anche il *uestitus* e l'*abitatio* (D. 34.1.6, *Iauolen.* 2 *ex Cassio*): per le fonti, la bibliografia e la trattazione delle problematiche storiche e giuridiche rinvio alla monografia della LAURENDI, *Institutum Traiani* 2018, pp. 19 ss., e al saggio della CORBO, *Traiano e gli 'Alimenta'* 2019, pp. 181 ss.

Non ci è dato però sapere se da Tiberio fino a Domiziano i fanciulli siano stati ammessi ai *congiaria* e se il loro eventuale coinvolgimento fosse determinato da una precisa iniziativa imperiale, poiché tale dato non risulta esplicitamente da nessuna fonte: né da testimonianze letterarie né da iconografie, ad eccezione di due dei tre *congiaria* celebrati in sesterzi di Nerone[215], nei quali è documentato espressamente e senza possibilità di equivoco il coinvolgimento di bambini (vedi sopra, fig. 31).

4

SIMILITUDINI E VARIANTI ICONOGRAFICHE NELLE RAPPRESENTAZIONI DI SCENE DI *CONGIARIA*

Con qualche variante iconografica le immagini del *congiarium* saranno riprese nelle emissioni monetarie dei successori di Nerone: fra i cambiamenti più significativi vi sarà, da Adriano in poi, la scomparsa della statua di Minerva, poiché probabilmente non più l'*Atrium* dove era collocata, ma un altro luogo divenne teatro delle distribuzioni, forse la *porticus Minucia frumentaria*.

È tuttavia a mio avviso interessante segnalare la 'riapparizione' di Minerva in un sesterzio di Antonino Pio, che riproduce per i *congiaria* la vecchia ambientazione con la statua della dea: può ipotizzarsi, con la Virlouvet[216], che, sebbene il luogo di distribuzione di quelle liberalità fosse stato trasferito nella *porticus Minucia*, si sia verificato un ritorno, anche solo provvisorio, delle distribuzioni nel precedente sito dell'*Atrium Mineruae*.

---

[215] Suet., *Nero* XI 2 riferisce che anche Nerone fece elargizioni e donativi di ogni genere, che comprendevano, oltre al denaro, *uestis, insulae*, *mancipia*, *gemmae*, *iumenta* e *agri*, tutti beni che non possono essere ovviamente considerati veri e propri *congiaria*, non tanto perché tal genere di liberalità poteva comprendere derrate d'ogni sorta concesse a titolo personale dal *ptinceps*, ma soprattutto perché Svetonio usa il termine *missilia* gettati al popolo.

[216] VIRLOUVET, *Tessera* 1995, Planche XVI nr. 26.

Fig. 37. Denario dell'imperatrice Faustina Maggiore divinizzata dopo la morte (141-146 d.C.) con legenda al recto *Diua Aug(usta) Faustina*, e al verso *Puellae Faustinanae* attorno alla scena dell'imperatrice sul *podium* protesa a leggere un rotolo, o una tabella rappresentata di profilo, che tiene in mano e che contiene la lista delle fanciulle, che da lei prendono nome, iscritte al beneficio, lista sulla quale un funzionario si abbassa a indicarle il nominativo della bambina che le viene porta da un personaggio, il padre o meno probabilmente la madre, mentre un'altra ancora più piccola si aggrappa al *pallium* o *himation* che ne riveste la corta tunica; frattanto un altro personaggio, ai piedi del *podium*, si affretta a sospingere la figlia perché non perda il suo turno.

Tuttavia, eccetto qualche differenza, le monete celebrative di *congiaria* continuano a rappresentare sia l'immagine dell'imperatore sul *podium*, sia il funzionario addetto alle operazioni di distribuzione, sia infine i plebei che attendono di accedere al beneficio: talvolta si tratta solo di uomini, talatra di donne e bambini.

Va osservato che un denario della Diva Faustina[217] (fig. 37), consorte di Antonino Pio, attesta una distribuzione a bambine designate in legenda come *puellae Faustinianae*: l'imperatrice sul *podium* è protesa a leggere un rotolo, o una tabella rappresentata di profilo, che tiene in mano e che evidentemente contiene la lista delle fanciulle iscritte al beneficio, lista sulla quale un funzionario si abbassa a indicarle il nominativo della bambina che le viene porta in quel momento da un personaggio che indossa una tunica *exigua*. L'abito, coperto da un *pal-*

[217] *RIC* III 399a; *RSC* 262.

lium o *himation* alla greca, sembra più consono a un uomo, certamente il padre, perché in altre monete di *congiaria* la donna riconoscibile per l'acconciatura dei capelli indossa la stola fino ai piedi. Una bimba ancora più piccola si aggrappa al *pallium* che riveste la corta tunica del personaggio stante; sotto il podio un'altra bambina è sospinta in fretta, perché non perda il suo turno, da una figura di più piccole dimensioni rispetto all'uomo, nella quale potrebbe forse riconoscersi una donna – dunque la madre della bimba – per le sue più ridotte dimensioni. Sembra pertanto che, nella realtà, la madre sospingesse la figlioletta verso il padre, o verso un funzionario, perché la prendesse in braccio per issarla su di un palco dell'altezza di circa un metro e mezzo, dove si trovava assisa l'imperatrice con uno o più assistenti.

Questa 'vignetta', benché non sia stata notata e sia rimasta sostanzialmente non esaminata sotto il profilo della procedura amministrativa di accesso e riconoscimento dei destinatari di *beneficia* imperiali, si rivela invece 'parlante': il magistrato o il funzionario tecnicamente competente guida l'imperatrice, che non delega la funzione di dispensatrice ma che evidentemente non conosce tutte le *puellae* aventi diritto. Invero la scena sembra limitare il ruolo di Faustina al riscontro del nome della bambina nella lista, facendo presumere che la consegna del denaro o della *sportula* sia demandata ad una seconda fase. È significativo che, qui come nelle altre iconografie, il momento privilegiato nella rappresentazione sia quello della procedura amministrativa di riconoscimento di chi abbia diritto: nelle monete dei *congiaria* il versamento materiale è demandato a figure allusive, come l'Abbondanza con la tavola ad alveoli per monete. Solo nei rilievi di età costantiniana il versamento del denaro è esplicitamente e 'volgarmente' rappresentato.

La scena delle *Puellae Faustinianae* è stata anche riferita agli *alimenta*, ma – pur senza poterlo escludere del tutto[218] – essa sembra meglio rapportabile ai *congiaria*, dato che le monete con legenda *alimenta Italiae* rappresentano generalmente il principe stante con i pic-

[218] È stato giustamente osservato che la scena rappresentata nel denario della Diva Faustina presenta non poche analogie con quelle raffigurate in diverse emissioni monetali riferite a *congiaria*: si vedano, ad esempio, quelle neroniane. Cfr. UZZI, *The Power of Parenthood* 2007, p. 66, fig. 3 nr.4.

coli beneficati, mentre le rappresentazioni con il *podium* o *suggestum* sono tipiche dei *congiaria* indicati nella legenda monetaria. Tanto più che una scena analoga in un sesterzio di Antonino Pio con legenda *cos. III* e *Liberalitas*, dove però il beneficiario è un adulto, è stata riferita senza esitazione ad un *congiarium*, e parimenti un aureo del medesimo principe, dove la *Liberalitas* personificata regge la cosiddetta 'tavoletta per monete' (fig. 39)[219]. Nel verso del sesterzio (fig. 38) si vede sul palco imperiale la personificazione, stante con cornucopia, della *Liberalitas*, il cui nome è scritto in esergo, mentre versa denaro dal *sinus* della veste nelle mani del sottostante togato iscritto al beneficio. L'imperatore assiso sulla *sella curulis* regge in mano un piccolo oggetto, riconoscibile come un *libellus* o un *pugillaris* contenente la lista degli aventi diritto, mentre dietro di lui, nell'assistente in tunica *exigua* e *pallium* che gli suggerisce all'orecchio il nome dell'iscritto di turno va identificato il *nomenclator*[220], addetto a tale funzione.

Fig. 38. Sesterzio di Antonino Pio con *Liberalitas* sul palco con cornucopia che versa denaro nelle mani del togato iscritto al beneficio. L'imperatore assiso regge in mano un *libellus* o un *pugillaris*, mentre dietro di lui un assistente in tunica *exigua* e *pallium*, il *nomenclator*, gli suggerisce all'orecchio il nome dell'iscritto di turno.

[219] ROWAN, *Imaging the Golden Age* 2013, pp. 229-232.

[220] Sui *nomenclatores* cfr. KOLENDO, Nomenclator 1989; MOSINO, *Funzionario delle udienze* 2017.

Con le immagini monetali di *congiaria* presenta non poche similitudni il già visto rilievo di Marco Aurelio, datato al 177 d.C. (fig. 5). In stereotipata ripetizione sul *suggestum* appaiono l'imperatore assiso sul *bisellium* con tre funzionari a destra, e a sinistra un addetto alla distribuzione, intento a consegnare qualcosa o a farsi dare qualche tavoletta cerata dai beneficiari posti al di sotto del *podium*: tre uomini, una donna e due bambini. Due dei tre uomini che stringono fra le mani un *rotulus*, vestiti di lunga toga, sembrerebbero appartenere a un rango superiore: a tal proposito la Virlouvet ha considerato siffatti personaggi del rilievo «membres des ordres supérieurs de la société romaine», ai quali il *princeps* avrebbe comunque corrisposto il *congiarium*[221].

Lo Spinola[222] ha acutamente osservato che il rilievo di Marco Aurelio mostra, nella struttura del *tribunal* imperiale, una innovazione già presente nelle emissioni monetali di Traiano: una costruzione in assi di legno inchiodati fra loro con la singolare caratteristica delle teste dei chiodi visibili sulle pareti del palco a guisa di motivo decorativo (fig. 5), che appare già su un aureo di Antonino Pio con il ritratto di Marco Aurelio ancora giovane Cesare. Questo particolare, in apparenza banale, doveva avere invece una certa importanza, evidentemente topografica, al punto tale che finì per essere riprodotto nei conî, benché le loro dimensioni ridotte richiedessero una semplificazione nella rappresentazione scenica (fig. 39).

Merita poi di essere rilevato che, in occasione del primo *congiarium* di Adriano del 138 d.C., si registra per la prima volta nelle emissioni monetali la comparsa della legenda *Liberalitas*, cui fa seguito il numerale e la cui personificazione – già presente, pur anepigrafe, sullo sfondo nelle monete di Nerone – finisce per essere di per sé allusiva alle distribuzioni di *congiaria*[223].

La personificazione della *uirtus* imperiale designata come *Liberalitas* intenta o a svuotare con le mani una cornucopia versante monete, oppure a reggere nella destra una *tabula* con quattro alveoli e munita di manico (figg. 39-40), pare identificarsi proprio con la figura femminile dei sesterzi neroniani, che regge anche lei un analogo oggetto

---

[221] VIRLOUVET, *Tessera* 1995, p. 300.

[222] SPINOLA, *Il* congiarium 1990, p. 30.

[223] SPINOLA, *Ibidem*, p. 30; MANCINI, *Liberalitas Augusti* 2011, pp. 20-21.

(fig. 30 in alto a destra). L'aureo di Marco Aurelio ancora Cesare presenta al verso la stessa personificazione, ma gli alveoli della tavola esibita dalla *Liberalitas* sono aumentati a cinque, con il quinto al centro degli altri quattro disposti in quadrato ⁙ in tal guisa.

Fig. 39. Aureo di Antonino Pio con ritratto di Marco Aurelio ancora Cesare per la quarta *lib(eralitas)*: sul *podium* ligneo, decorato con teste di chiodi che fissano le assi, la personificazione della *Liberalitas* reggente la cornucopia esibendo la 'tavola monetaria' ad alveoli di fronte al beneficiarioe a fianco dell'Augusto o del Cesare assiso sul *bisellium*.

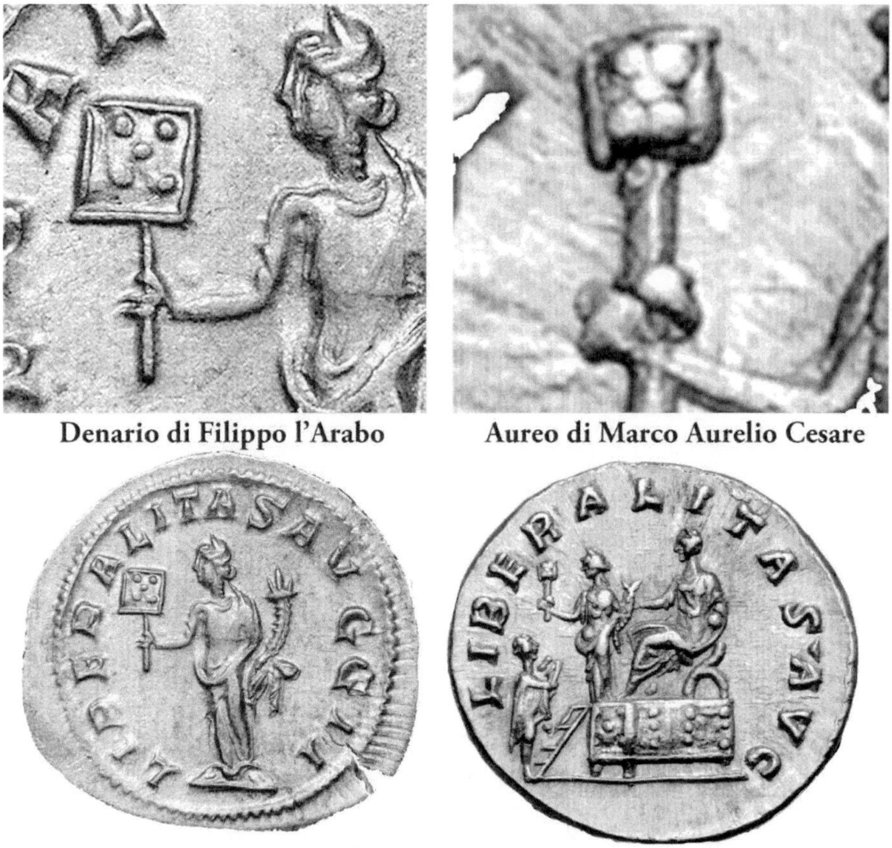

Figg. 40-41. Denario di Filippo l'Arabo (a sinistra) ed aureo di Marco Aurelio Cesare(a destra) con personificazione della *Liberalitas* reggente dal manico la tavola ad alveoli per l'inserzione di cinque monete (in alto i rispettivi particolari in ingrandimento).

L'inclusione di fanciulli nei *congiaria* può desumersi dalla iconografia di un medaglione che ha raffigurati i busti di Filippo I l'Arabo laureato e di Otacilla diademata a fronte del figlio Filippo II, e sul retro: «tre Augusti seduti su di un palco per distribuire il congiario, con parecchie altre figure. Al basso alcuni soldati e una donna con due bambini»[224].

---

[224] GNECCHI, *I medaglioni II* 1912, p. 98 nr. 7; PENNESTRÌ, *Distribuzioni* 1989, p. 305 nr. 54.

Merita d'esser detto, per quanto la laconicità dei dati non permetta di correlare queste testimonianze ai *congiaria*, che anche due medaglioni di bronzo di Filippo I, Filippo II e Otacilla offrono indicazioni utili sull'inclusione dei fanciulli a una qualche liberalità, pur mancando un'espressa indicazione del congiario: è parso allo Gnecchi che sul retro in un medaglione dove sono rappresentati al centro Filippo e Otacilla, accanto a tre o quattro persone sedute per ciascun lato, vi sia la *Liberalitas* in primo piano fra due fanciulli tutti attorniati da altri cinque o sei personaggi (figg. 42)[225].

Allo stesso modo, in un altro medaglione dei Filippi e di Otacilla che reca nel retro un vasto recinto, al di sopra del quale si vedono sei personaggi e in quella inferiore la *Liberalitas* con la tessera fra due fanciulli ed altri cinque personaggi (fig. 43)[226].

Se la presenza delle imperatrici nelle scene connesse a *congiaria* si spiega nel senso che furono da loro presi provvedimenti in favore del sesso femminile, come palesa per esempio il nome delle *Puellae Faustinianae*, l'attribuzione della liberalità a donne accanto a fanciulli induce a credere, come spero di aver dimostrato sopra, a casi di donne *sui iuris* per via del *ius trium* o *quattuor liberorum*[227].

Figg. 42-43. Medaglioni di Filippo I e Otacilla (a sinistra) e dei due Filippi I e II e Otacilla. Al verso entrambi i medaglioni recano personaggi in cui sono stati riconosciuti la *Liberalitas* con alcuni fanciulli e donne, identificabili come le loro madri, che accompagnano i figli minori in luogo dei padri in quanto *sui iuris* per il *ius trium liberorum*.

---

225 GNECCHI, *I medaglioni II* 1912, p. 94 n. 6, tav. 107 n. 5; PENNESTRÌ, *Distribuzioni* 1989, p. 304.

226 GNECCHI, *I medaglioni II* 1912, p. 94, n. 8 tav. 109 nr. 3, mentre riferito a un congiario sembrerebbe un medaglione recante leggenda LIBERALITAS AVGG., raffigurante Filippo padre e Filippo figlio seduti sul palco in atto di distribuire un congiario (GNECCHI, *I medaglioni II* 1912, p. 95).

227 Per bibliografia sul *ius trium* o *quattuor liberorum* rimando a n. 54.

QVAESTIO ANTIQVARIA

DE

PVERIS ET PVELLIS ALIMENTARIIS.

SPECIMEN PRIMVM

EDIDIT

M. CHRISTIANVS HENRICVS PAVFLER

SCHOLAE AD AEDEM S. CRVCIS RECTOR.

CVM FIGVRIS AERE INCISIS.

DRESDAE. MDCCCVIIII.

SVMTIBVS F. G. WALTHERI BIBLIOPOLAE REGII.

Tav. IV.

Capitolo IV

STRUMENTI CONTRO LE FRODI E ORGANIZZAZIONE COSTANTINIANA

Tav. IV. Roma, Arco di Costantino: veduta N-O nel 1939 (da L'Orange). Sul lato destro sopra il fornice e sotto i due tondi, il rettangolo figurato con scena del *congiarium* (2022).

1

Il contenitore di monete impilate a forma di *tabvla* alveolata: lo strumento e la sua funzione contro frodi e peculato

L'oggetto rettangolare o quadrato contrassegnato dagli alveoli rotondi[228], in mano alla *Liberalitas* sulle monete dei *congiaria* (figg. 39-41), presenta stretta somiglianza con quello dei rilievi di elargizioni nell'Arco di Costantino[229]: la raffigurazione nelle une e nell'altro fa pensare che la tabella alveolata ricoprisse un ruolo essenziale nella distribuzione. Diversi studiosi si sono infatti interrogati sulla sua natura: alcuni l'hanno identificata in una sorta di *tessera*[230], altri in un abaco per far di conto[231], altri ancora in uno strumento utile per il conteggio della somma da corripondere ai beneficiari: «un piccolo vassoio rattangolare che conteneva tanti incavi quante erano le monete da distribuire a ciascuno»[232]. Beckman, tuttavia, ha validamente evidenziato l'insostenibilità della tesi della *tessera*[233], anzitutto per la ragione che nessun beneficiario è mostrato avvicinarsi con essa alla piattaforma, ma anche perché in tutte le rappresentazioni l'oggetto utilizzato nel *congiarium* presenta da quattro a sei fori rotondi non come incisi sulla

---

228 Spinola, *Il* congiarium 1990 p. 29; Virlouvet, *Tessera* 1995, pp. 297-308; Mancini, *Liberalitas Augusti* 2011, p. 18.

229 A Costanino si ascrivono, oltre al congiario che vide beneficiari anche i fanciulli, come si constata dai rilievi dell'Arco, iniziative di soccorso all'infanzia. Infatti due *leges*, CTh. 11.27. 1-2, videro destinatari i genitori non in grado di provvedere ai figli per indigenza; l'una, indirizzata ad *Ablabius*, per evitare che uccidessero i figli dispone che il genitore si presenti con loro dinnanzi all'autorità dichiarando l'impossibilità economica di allevarli al fine di ottenere finanziamenti dal *fiscus* o dalla *res priuata* del principe; l'altra, indirizzata a *Menander*, prevede che siano corrisposti sussidi in denaro e cibo ai genitori perché non li sopprimano, espongano, o diano a pegno, e in quest'ultima si fa riferimento solo al fisco imperiale e non anche alla *res priuata*. Sulla datazione delle *leges* e sul loro contenuto: Bianchini, *Provvidenze costantiniane* 2008, pp. 466-492; Laurendi, *Institutum Traiani* 2018, p. 156 ss.; Corbo, *Traiano e gli* 'Alimenta' 2019 pp. 197 ss.

230 Strack, *Reichsprägung* 1933, p. 59.

231 Clare Rowan, *Imaging the Golden Age* 2013, p. 230, fig. 15: «account board».

232 Così correttamente Rusca, *Plinio il Giovane* 1963, p. 441.

233 Beckmann, *The function* 2015, p. 191.

superfice della *tabula*, ma come escavati in essa (fig. 44), ed ha confutato altresì che lo strumento in questione possa identificarsi con un abaco, che appariva infatti di aspetto diverso, essendo una sorta di tavoletta con scanalature paraellele, ciascuna corrispondente a una differente unità di misura, nelle quali scorrevano contatori di forma sferica.

Se vogliamo capire la funzione della *tabula* alveolata dobbiamo osservare l'uso che ne è fatto nel fregio costantiniano[234] per il *congiarium* del 313 o 315 (fig. 44): le scene sono molto più dettagliate e articolate rispetto a quelle compendiate nello spazio esiguo d'una monete, mentre nell'Arco si svolgono su due piani diversi a destra e a sinistra dell'imperatore, assiso in trono al centro sopra un podio e affiancato da molti personaggi coinvolti nella distribuzione, mentre al di sotto si trova una folla di almeno undici cittadini, compresi i fanciulli, che alzano le mani verso il loggiato. Alcuni indossano la *toga contabulata*: sebbene sia incerto se senatori e cavalieri usufruissero delle elargizioni, Spinola ha osservato che l'ammontare della cifra loro corriposta sarebbe dovuta essere maggiore – ritiene del doppio – rispetto a quella donata ai plebei[235], come dimostrano gli alveoli per impilare monete nella *tabula* raffigurata: 12 in quella da cui Costantino stesso fa cadere le monete sonanti in mano a un beneficiario in *toga contabulata* (fig. 44 in basso e fig. 53), 6 in quelle per i plebei (fig. 44).

Se però immaginiamo che lo spessore della *tabula* contenente gli alveoli per impilare le monete fosse maggiore nel caso degli *honestiores*, l'importo della donazione loro riservata sarebbe maggiore del doppio di quella dei plebei; e inoltre i nummi dati alla plebe potevano essere in bronzo o argento e quelli riservati ai *potentiores* essere solidi aurei. Non è infatti facile immaginare che agli appartenenti ai ceti elevati Costantino potesse elargire solo il doppio delle cifre, probabilmente di sussistenza, destinate alla plebe ridotta in miseria per l'acuirsi di quella forbice sociale che vide scomparire il ceto medio[236].

---

[234] Sul rilievo dell'Arco cfr. SPINOLA, *Il* congiarium 1990, pp. 22 ss.; MANCINI, *Liberalitas Augusti* 2011, p. 18; BECKMANN, *The function* 2015, p. 194.

[235] SPINOLA, *Il* congiarium 1990, p. 21.

[236] AMELOTTI, *Caratteri e fattori di sviluppo* 2003, p. 222; COSTABILE, *'Tardoantico' ed era costantiniana* 2019, pp. 103-104.

Fig. 44. Roma, Arco di Costantino. Scene in cui il denaro contenuto nella *tabula* monetaria ad alveoli è versato in grembo al beneficiario dagli addetti o (in basso) dallo stesso imperatore. Si vede chiaramente (sopra) che un addetto preleva da una cassa ricolma di denaro le monete che colloca nella *tabula*, per poi versarne il contenuto nel *sinus* della toga che il beneficiario, sollevandone due lembi con le mani protese verso l'alto, forma per accogliere il denaro. Il gesto fa capire che non si trattava solo di 6 o 12 monete, a seconda del numero di alveoli destinati agli *humiliore* o ai *potentiores*, ma di multipli di quei numeri, ché altrimenti non sarebbe stato necessario allargare la toga. Evidentemente in ciascun alveolo si poteva impilare in profondità più di una sola moneta.

Fig. 45. Aureo di Costantino della zecca di *Papia* con *Liberalitas* reggente la cornucopia con la sinistra e nella destra una tavola monetaria con 15 alveoli. A destra particolare di un altro aureo con *tabula* a 14 alveoli.

Ne dà conferma un *solidus aureus* del 316, battuto a Pavia (fig. 45)[237], con *Liberalitas* reggente cornucopia e dal manico il contenitore quadrangolare per le monete, con ben 15 alveoli: possiamo immaginare che il conio sia stato battuto proprio per essere distribuito nell'occasione ed essendo d'oro di certo non alla plebe: l'immagine ripete pedissequamente l'iconografia degli aurei di Adriano del 134-138[238], dove però la *Liberalitas* regge una tavola alveolata con soli quattro fori.

Nei rilievi costantiniani dalla tavola monetaria il denaro era ostentatamente versato nel *sinus* della toga, *exigua* o *contabulata*, che il beneficiario non manca di porgere ai funzionari soprastanti (fig. 50). La struttura della tavola permetteva dunque di introdurre all'interno degli alveoli l'esatta e predeterminata quantità di monete, che sarebbero state corrisposte singolarmente al beneficiario nel momento della elargizione secondo quanto indicato nella lista degli aventi diritto. Questo contenitore di denari impilati, di cui ignoriamo il nome latino somiglia molto a quelli di legno in uso nelle nostre banche prima che nel terzo millennio l'introduzione delle operazioni telematiche rendesse virtuale anche il denaro e allora come nel XX secolo garantiva la celerità e la regolarità del conteggio e dei versamenti. Infatti, corrispondendo a ciascuno la predeterminata quantità di denaro spettantegli, si evitava che gli addetti alle distribuzioni decurtassero il dovuto.

[237] *RIC* VII, p. 368 nr. 53.
[238] *RIC* II, p. 369 nr. 254 a.

Costoro, sia pure per epoche precedenti, sono chiamati da Cassio Dione LVII 10.4-5 *δοτῆρες*, nome nel quale dobbiamo riconoscere i *dispensatores* del lessico amministrativo romano[239]: lo Storico ricorda che Tiberio nel 14 d.C. sottopose a rigoroso conteggio gli importi dei congiari per evitare quanto si era verificato sotto Augusto, quando i *δοτῆρες* sottraevano (*ἀπετέμνοντο*) somme dai *congiaria*[240].

> Cass. Dio, LVII 10.4-5: *πᾶν τε ὃ ἐδωρεῖτό τισιν, εὐθὺς καὶ ἐν τοῖς ὀφθαλμοῖς αὐτοῦ ἠριθμεῖτο· ἐπεὶ γὰρ, ἐπὶ τοῦ Αὐγούστου, μεγάλα ἐκ τῶν τοιούτων οἱ δοτῆρες αὐτῶν ἀπετέμνοντο, δεινῶς ἐφυλάττετο μὴ καὶ ἐφ'ἑαυτοῦ τοῦτο γίγνεσθαι.*
>
> Tutto ciò che elargiva in dono alle persone era contato all'istante dinnanzi ai suoi occhi: infatti, poiché sotto Augusto da quelle (elargizioni) i dispensatori erano soliti ritagliarsene una gran parte, egli si assicurò ben bene ché sotto di lui ciò non accadesse.

Il Cary nel 1924, nell'edizione Loeb Classical Library di Dione *ad locum*, traduceva «all the money that he bestowed upon people was counted out at once in his sight; for since under Augustus the officials who paid over the money had been wont to deduct large sums for themselves from such donatives, he took good care that this should not happen in his reign»: sulla base di questa traduzione, Beckmann[241], a proposito della *tabula* alveolata, sostenne che il suo uso nei *congiaria* fosse finalizzato a evitare che si creasse l'opportunità «for theft and fraud» e subito dopo riferisce il citato passo dioneo su Tiberio.

Tuttavia, il verbo *ἀποτέμνω* invero significa letteralmente 'ritagliare da' e per traslato 'sottrarre', e al medio può avere valore riflessivo, ma non indica di per sé il furto o la frode e *ἀπετέμνοντο* non significa necessariamente 'sottraevano per sé stessi', 'a proprio vantaggio', e, tenuto conto dell'aspetto durativo dell'imperfetto greco, può

---

[239] Sui *dispensatores* cfr. *exempli causa CIL* VI 5197 = *ILS* 1514; CALABI LIMENTANI, *Epigrafia* 2004, p. 213 n. 36; COSTABILE, *Virtus* 2017, p. 80.

[240] La *mala gestio* non riguardava solo l'Urbe: *exempli causa*, per la provincia asiatica in età claudia e per l'*ἐπίκριμα* del proconsole Paolo Fabio Persico agli Efesini nel 44 d.C. rinvio a COSTA, *Prestiti* 2019, pp. 86 e n. 5, 115 e n. 188.

[241] BECKMANN, *The function* 2015, p. 197.

tradursi letteralmente 'erano soliti ritagliarsi', per cui *αὐτῶν ἀπετέμνοντο* equivale a 'erano soliti ritagliarsene' riferito ai *μεγάλα*, cioè alla gran parte, dei *congiaria*, di cui Dione aveva scritto subito prima; *ἀποτέμνω* infatti, oltre all'accusativo, regge anche il genitivo dell'oggetto e se Dione avesse voluto significare che gli incaricati delle distribuzioni avevano sottratto somme a proprio vantaggio avrebbe usato non il genitivo *αὐτῶν*, appropriato per l'oggetto del verbo, ma il classico *dativus commodi αὐτοῖς*. Ho dunque reso in italiano il testo dioneo conservandone lo stile tradizionalmente inelegante ma con il vantaggio di manterne il significato, traducendo con l'enclitica 'ne' il complemento di specificazione *αὐτῶν*: «sotto Augusto da quelle (elargizioni) i dispensatori erano soliti ritagliarsene una gran parte».

Pertanto, sotto l'aspetto giuridico, la sottrazione, senza che ne sia in verità precisato il fine, avrebbe potuto essere non necessariamente peculato, ma anche una distrazione di fondi o, in ipotesi, perfino il loro semplice accantonamento per *congiaria* successivi: comunque un reato o un 'illecito amministrativo', in entrambi i casi un *crimen*, ovvero, pur nell'ipotesi più benevola, un comportamento non conforme alla volontà imperiale. La tabella alveolata fu evidentemente l'efficace risposta tecnica a tale esigenza, anche se non può escludersi sia stata magari introdotta qualche tempo dopo Tiberio.

2

Le scene di liberalità dell'Arco di Costantino e la rappresentazione delle fasi della procedura amministrativa

Sopra il fornice destro di N-O dell'Arco di Costantino e sotto i due tondi di reimpiego (tav. V e fig. 46) si trova il fregio con scena di distribuzione dei *congiaria* svolta in due registri sovrapposti a destra e sinistra dell'imperatore, assiso in trono al centro, ai cui lati vi sono in alto due coppie di logge con i *dispensatores*, verso i quali protende le mani e gli sguardi una teoria di togati, bambini inclusi, che evoca evidentemente un archetipo comune all'Ara degli Scribi di età augustea.

Fig. 46. Roma, Arco di Costantino, N-O: sopra il fornice destro e sotto i due tondi si svolge il fregio con scena di *congiarium* ai lati dell'imperatore assiso al centro sopra la chiave di volta (foto autrice 2022).

Diversi studiosi si sono interrogati sulla possibilità che gli intestatari della *liberalitas* dovessero esibire ai funzionari un documento che ne certificasse il diritto al *congiarium*, benché le dita distese dei personaggi sembrino escludere tale evenienza: e invece nella fila di sinistra dei questuanti il quarto e il decimo togato in piedi hanno fra il pollice e l'indice un piccolo oggetto obliquo, che sembra una tabella cerata (fig. 47)[242] e potrebbe pensarsi che gli altri la tenessero in un *sacculum* interno della toga.

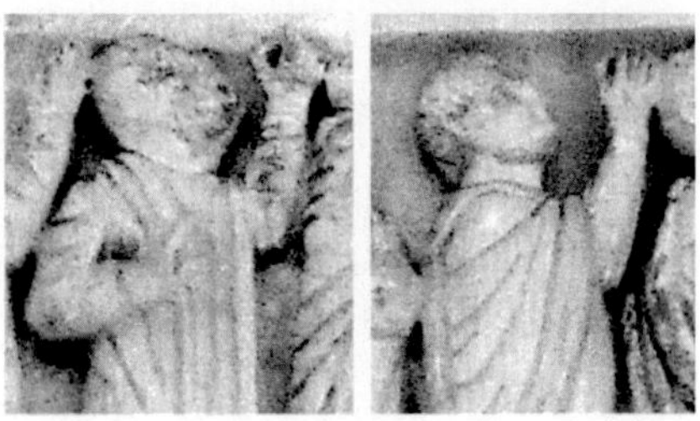

Fig. 47. Beneficiari che ostentano un *pugillaris*.

[242] SPINOLA, *Il* congiarium 1990, p. 22; VIRLOUVET, *Tessera* 1995, p. 302 Pl. XVIII 31.

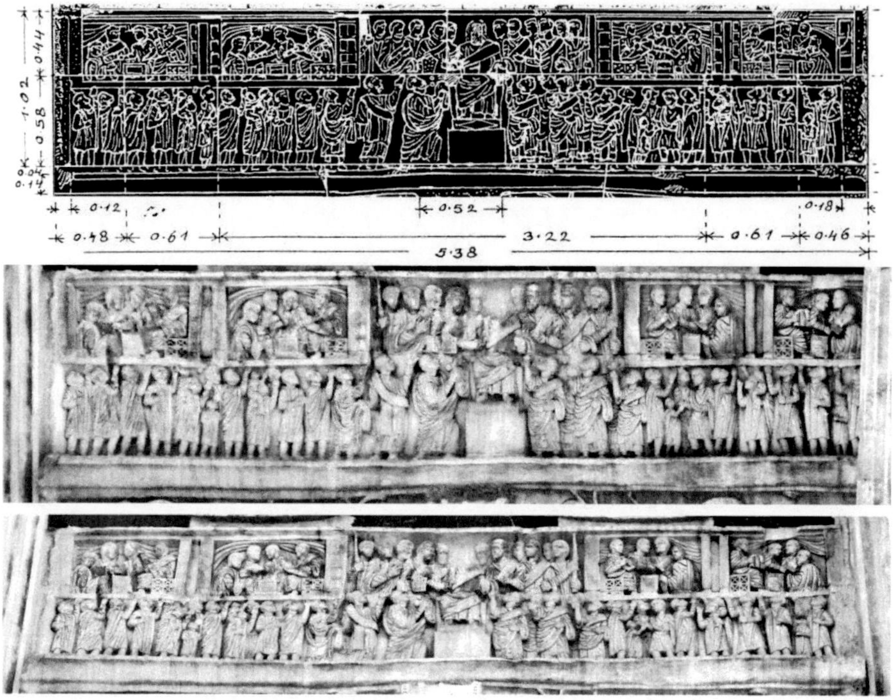

Fig. 48. Arco di Costantino: disegno rielaborato da L'Orange e vedute iposcopica e frontale con l'imperatore al centro e ai lati le logge con i *dispensatores* che versano il denaro al beneficiario. Al di sotto, i questuanti in fila protendono le braccia verso le logge o l'imperatore.

È però alle scene superiori nelle logge che dobbiamo guardare per comprendere sia le modalità di svolgimento della distribuzione, sia le diverse fasi della procedura amministrativa: sopra il corteo dei questuanti ci sono in tutto quattro loggiati, due a destra e due a sinistra della scena centrale, che ne interrompe la serie per ospitare l'imperatore intento ad elargire personalmente il *congiarium* ai *contabulati* più importanti; la visione iposcopica ravvicinata, l'unica possibile per lo spettatore antico, rende l'impressione della differenza di quota tra la folla dei questuanti in fila e le logge soprastanti (fig. 48); lo stesso effetto si verifica per l'immagine, più grande delle altre, di Costantino assiso in trono (fig. 49).

Fig. 49. Roma, Arco di Costantino, fregio Nord-Ovest: scena centrale del versamento dei *congiaria* ai *contabulati* da parte dell'imperatore (del quale è andata perduta la testa) assiso in trono.

La dottrina ha riconosciuto l'unità architettonica del luogo rappresentato con le quattro logge (figg. 50, 51-52, 54-55) e l'ambiente centrale con la scena dell'imperatore seduto in trono in primo piano (fig. 49), e in secondo piano il *balteum* con i *potentiores* in *toga contabulata*.

Le scene riprodotte nelle logge sembrano differire fra loro, com'è stato giustamente osservato, per una serie di particolari nella procedura di elargizione.

Tuttavia, malgrado diverse incongruenze siano state ammesse come ostative a discernere, nello svolgimento delle operazioni amministrative, una sistematica sequenza, la dottrina l'ha voluta egualmente – e vedremo forzatamente – scorgere.

Ritengo però che tale sequenza risponda più ad un'esigenza di razionalità dello spettatore moderno che ad un oggettivo riscontro sulla concezione delle raffigurazioni.

Infatti, alla logicità di tale presunta successione delle operazioni amministrative in tutte e quattro le logge, a partire da sinistra verso destra, si oppongono insormontabili incongruenze: prima fra tutte, un dettaglio rimasto pressocché inosservato, qual è la presenza del denaro maneggiato in tutte le quattro logge, difficilmente spiegabile se si vuole che quelle di destra raffigurino la riconsegna al beneficiario di un dittico ad avvenuto pagamento.

Fig. 50. Arco di Costantino, fregio Nord-Ovest: le due logge a destra e le due a sinistra dell'imperatore assiso in trono, con la folla dei togati aventi diritto al *congiarium* accompagnati da bambini.

Una logica potrebbe invece riconoscersi all'interno di ciascuna coppia di logge. Le scene, pur variando nei dettagli, mantengono la stessa configurazione con un'inversione simmetrica di entrambi i lati delle sezioni delle logge: se una logica consequenziale esiste nelle raffigurazioni, questa è fra le due coppie.

Tale lettura risponde meglio alle finalità dell'Arco trionfale della vittoria di Costantino su Massenzio a Ponte Milvio, che – in una visione a distanza, data l'altezza alla quale sono collocati i rilievi – mirava a suggestionare e non certo a descrivere pedissequamente le fasi dell'elargizione, comunque rappresentate mediante immagini di momenti simbolici della procedura di distribuzione: la chiamata del beneficiario, la verifica del suo diritto di ottenere il congiario e l'agognato pagamento della somma.

Vengo pertanto ad esaminare adesso ciascuna scena, chiarendo che la loro numerazione – da destra a sinistra, nelle quattro logge dove sono contenute, separate a coppie dalla figura centrale dell'imperatore – è qui da intendere come convenzionale e non implica una concatenazione nello svolgimento delle operazioni amministrative in tutte le quattro logge ma solo entro ciascuna coppia.

In ogni loggia sono presenti quattro personaggi, dei quali uno è il beneficiario e tre sono addetti alla distribuzione del *congiarium*, ma di rango diverso, evidenziato dall'abito, e con differenti funzioni gerarchiche. Solo lo scriba sta seduto, nelle logge I e II a destra e in quelle III e IV a sinistra: esse presentano infatti una disposizione speculare dei personaggi, in conformità al gusto della simmetria e della disposizione paratattica propria dell'arte tardoromana.

I Loggia: scena I lato destro (fig. 52). Partendo da destra notiamo il beneficiario (nr. 1) a mezzo busto, un po' più in basso degli altri, con la bocca visibilmente aperta nell'atto di dire qualcosa al personaggio antistante (nr. 2), anche lui raffigurato con le labbra aperte per indicare che sta parlando: costui nelle altre tre scene si riconosce come un *dispensator*, ma qui non versa denaro perché tiene invece in mano una tavoletta; veste una toga non *contabulata*, anche se a rigore può dirsi essere una *toga exigua* solo dal confronto con quella dei sottostanti postulanti, ai quali non arriva fino ai piedi. Al contrario, il personaggio (nr. 3) in mezzo fra beneneficiario (nr.1) e *dispensator* (nr. 2) mostra la fascia della *toga contabulata*, indicante la sua appartenenza a una superiore classe sociale. Costui, infatti, sembra sorvegliare le operazioni senza una specifica mansione, e, con l'altezzoso disprezzo delle attività pratiche tipico dell'epoca (e magari non soltanto di quella), ciò può indicare trattarsi di un *potentior* di rango ancor più elevato di quello degli altri *contabulati*. All'angolo sinistro della loggia, infine, seduto su uno scanno dalla struttura consistente in quattro scomparti rettangolari a ⊠, sta un altro *contabulatus* con la destra sollevata in alto (nr. 4).

Fig. 51 (loggia II). Fig. 52 (loggia I). Arco di Costantino: le due logge a destra dell'imperatore.

Con la sinistra, invece, costui tiene un papiro, o meglio una pergamena priva di *umbilicus* e di *operculum*[243], dispiegata al centro e arrotolata ai lati in due volute (fig. 52). Questa scena è stata considerata l'ultima di una sequenza, a partire da sinistra verso destra, a causa della mancanza di denaro nella *paenula* del beneficiario. Da un'attenta analisi del materiale fotografico del 1939, prima del degrado contemporaneo dei marmi per l'inquinamento atmosferico, raccolto dal L'Orange nella sua trattazione sull'Arco, mi è stato possibile constatarne invece la presenza: fra il dittico e il beneficiario sono infatti visibili due monete nella toga di questi. Il dettaglio, ora quasi indistinguibile o forse scomparso, mi sembra rafforzare l'idea che l'unica sequenza prospettabile sia binaria, ovvero all'interno di ciascuna coppia di logge; ciò che manca invece, è la tavola monetaria ad alveoli che si vede nelle scene III e IV di sinistra.

La Virlouvet ritiene che lo scriba abbia completato il suo controllo, il beneficato ricevuto le monete e che il funzionario ritiri la *tessera* o *tabula* presentatagli al momento dell'elargizione[244], ma i dettagli che ho descritti e la presenza del denaro, a mio vedere, fanno indentificare questa come prima scena fra le due logge di destra, nella quale l'intestatario ha già consegnato il suo pugillare al funzionario (nr. 2), che

---

[243] COSTABILE, *Caius Iulius Caesar* 2013, pp. 117 s.; LAURENDI, *Institutum Traiani* 2018, p. 76.

[244] VIRLOUVET, *Tessera* 1995, pp. 304 e s.

per questo lo tiene in mano, mentre il nominativo è controllato sulla lista scritta nel rotolo aperto[245].

II Loggia: scena II lato destro (fig. 51). Nella seconda loggia lo scriba (nr. 4) annota qualcosa con uno stilo su di un dittico aperto, scrivendo sulla pagina 3 della *tabula* II (*scriptura interior*)[246]. Sulla pagina 2 della *tabula* I, rappresentata in prospettiva, in alto si vede una sorta di listello, che sembra essere la cornice oggi molto consunta, il che conferma trattarsi dii una tavoletta cerata. La sua dimensione è doppia[247] rispetto al pugillare consegnato da un funzionario (nr. 2) al beneficiario (nr. 1), che ha appena ricevuto nella toga le sue monete e del quale si vede bene il compiaciuto sorriso. Nella cassa al centro le monete non sono ammucchiate, ma ordinatamente disposte e forse tale disposizione supplisce qui alla mancanza della tavoletta alveolata riscontrabile nelle scene III e IV (figg. 54-55). La scena, stando alla mia proposta di sequenza ed esegesi, sarebbe allora quella del versamento e dell'iscrizione su tavole cerate dell'avvenuto pagamento, il che avrebbe una logica sicuramente più adamantina di quella del rapporto fra le scene qui di seguito numerate come IV e III, interpretate in dottrina come I e II di una 'sequenza da sinistra a destra': se invece si inverte l'ordine di lettura, da destra a sinistra abbiamo allora un parallelo fra la coppia di scene di ciascun loggiato, come ora andremo a vedere.

---

[245] La VIRLOUVET, *Tessera* 1995, p. 303, esaminando la scena rappresentata nella loggia, scrive: «le scribe en train de replier le document qu'il a utilisé, d'une manière qui, d'ailleurs, n'est pas parfaitement claire: on a l'impression qu'il s'agit, comme dans la scène précédente, d'un document rigide et non du roleau initial, mais cette fois-ci, en trois parties». A me sembra invece che lo scriba non stia tenendo alcun documento rigido, ma un rotolo aperto, come si deduce chiaramente dalle volute laterali. Sulla iconografia del rotolo "aperto" nelle rappresentazioni artistiche rinvio a COSTABILE, *Caius Iulius Caesar* 2013, p. 118 fig. 29.5.

[246] VIRLOUVET, *Tessera* 1995, p. 303, a proposito dello scriba sostiene che «le scribe écrit quelque chose sur une liste qui semble se présenter cette fois non plus sous forme de rouleau, mais sous forme de tables épaisses et reliées entre elles». Più specificamente, ritengo che l'*instrumentum scriptorium* vada identificato in un dittico sul quale lo scriba appunta qualcosa con uno stilo.

[247] Rispetto alle 6 grandi tavole gestite dai funzionari nell'Ara degli Scribi, grandi circa otto volte le tabelle dei trittici tenuti in mano dai questuanti, si nota una considerevole riduzione e inoltre nell'Arco di Costantino il funzionario gestisce un solo dittico.

Fig. 53. **Arco di Costantino: scena centrale con l'imperatore assiso che versa i *congiaria* ai *contabulati*.**

Grande scena centrale (figg. 49, 53). Al centro si trova la grande scena col *congiarium* di Costantino, il quale lascia scivolare le monete dagli alveoli della tavoletta in grembo al personaggio sottostante. L'imperatore è in trono e dietro di lui si vede un *balteum*, dal quale si affacciano nove *contabulati* più due *hastati* vestiti di *paenula*[248], ciascuno per lato: la statura di *dominus*, pur seduto, eguaglia l'altezza del sottostante corteo di togati in piedi sommata a quella del *balteum* e dei *contabulati*, che si trovano allo stesso livello dei *dispensatores* delle due coppie di logge a destra e a sinistra. I quattro che impetrano Costantino sono di statura superiore a quella degli altri sotto le logge, vestiti della *toga exigua* degli *humiliores*, mentre essi vestono la *contabulata* degli *honestiores*, salvo il secondo che l'ha sciolta per ricevervi la *pecunia* profusa dalla tavola con ben nove o dodici alveoli (anziché i sei degli *humiliores*) in mano al *dominus*.

[248] L'ORANGE [– VON GERKAN], *Der spätantike Bildschmuck* 1939, p. 97, ha, secondo me appropriatamente, osservato che i personaggi «halten sie Wachsfackeln», mentre SPINOLA, *Il* congiarium 1990, p. 22, li definisce «due *paenulati* con lance (o, più difficilmente, fiaccole)» e fra gli astanti ritiene possano esserci il *Curator* ed altri funzionari di corte.

Fig. 54. Loggia III. Fig. 55. Arco di Costantino: le due logge a sinistra dell'imperatore.

III Loggia: scena I lato sinistro (fig. 54). Nella terza loggia il *dispensator* al centro (nr. 2) ha già ruotato la *tabula* quadrangolare con 6 alveoli piena di monete, versandole nel *sinus* della toga che il beneficiario (nr. 1) gli porge; dalla cassa al centro emerge un bel mucchio di denaro; lo scriba con *toga contabulata*, qui all'angolo destro (nr. 4), tiene sulle ginocchia la pergamena ampiamente srotolata, a indicare che un istante prima vi ha letto il nome del beneficiario per chiamarlo, e ora ha già lo sguardo sollevato verso di lui. Se si assume, com'è logico, che la lettura del nome e la chiamata del beneficiario siano l'*incipit* della elargizione, questa scena dovrebbe essere la prima, a partire da sinistra, e non la seconda, della presunta sequenza di 'lettura' da manca a destra, ed è corrispettiva alla scena I del lato destro.

IV Loggia: scena II lato sinistro (fig. 55). Il beneficiario (nr. 1) a mezzo busto porge l'insenatura della toga al *dispensator* (nr. 2), che sta per versargli i contanti impilati in 6 alveoli della tavola per monete, tenendo la mano sinistra dentro una cassa che, grazie alla scena precedente (I lato sinistro), si comprende essere immaginata piena di denaro. Questa scena ci fa conoscere, a fronte di quanti si erano interrogati se le monete fossero 'gettate' sugli alveoli della tavoletta, o se lo strumento fosse immerso nella cassa contenente il denaro, che invece esso era riempito dal funzionario, come a me pare desumersi dal fatto che la mano sinistra del *dispensator* sembra raccogliere i nummi da impilare nella tavola alveolata con la quale si distribuiva la somma a ciascun beneficiario[249]. Fra beneficiario e *dispensator* c'è il solito *contabulatus* 'nullafacente' (nr. 3). All'angolo destro, infine, seduto come al solito, sta lo scriba *contabulatus* con la destra sollevata in alto (nr. 4). Con la sinistra, invece, costui tiene la solita pergamena: si è creduto[250] che egli non l'abbia ancora aperta, benché l'inserviente brandisca già la tavola per le monete sopra la toga del beneficiario, ma tale incongruenza è dovuta a un fraintendimento esegetico, perché il rotolo non è affatto avvolto su se stesso – e quindi chiuso – in un'unica voluta, ma raccolto in due volute contrapposte, fra le quali le dita dello scriba 'tengono il segno'; cosicché la pergamena è pronta per essere aperta e letta nella parte centrale non appena il beneficiario antistante, che sta per incassare il denaro, avrà ceduto il posto al seguente. Da ciò si arguisce che nel rotolo fosse scritto l'elenco di quanti avevano diritto al congiario e che lo scriba seduto avesse già chiamato, leggendolo, il nome del beneficiario rappresentato di fronte nell'atto di *accipere pecuniam*. La mano destra – che non sembra stringere alcunché, contrariamente a quanto ha creduto taluno[251] – potrebbe allora essere sollevata col palmo aperto nel gesto di chiamare con le dita il beneficiario seguente, che attende il proprio turno in fila nel sottostante corteo dei questuanti.

In sintesi, prestando attenzione alla figura dello scriba, è interessante osservare che nelle diverse scene il rotolo tenuto con la mano sinistra presenta differenze nello stato di svolgimento a seconda dell'operazione rappresentata: appare comunque logico che nel rotolo sia iscritto un elenco e non si tratti di un singolo caso. Diversi dettagli iconografici sembrerebbero inoltre dimostare che per ottenere l'elargi-

---

[249] MONZIO COMPAGNONI, *I Congiaria*, p. 27 nt. 35, senza citare la pagina del contributo di Van Berchem afferma: «il Van Berchem, si sofferma su un particolare un po' secondario. L'uso della tavoletta, nell'ambito della cerimonia del congiario, doveva essere cioè il seguente: o si gettava una manciata di monete sulla superficie con gli alveoli, o si immergeva direttamente lo strumento nella cassetta contenente le monete. In un caso o nell'altro si scuoteva poi il vassoietto per far rimanere negli incavi la quantità esatta di monete che veniva poi versata nella toga del cittadino».

[250] VIRLOUVET, *Tessera* 1995, p. 304: «il n'a pas encore déplié son rouleau, même si le serviteur brandit déjà le plateau à monnaie au-dessus de la toge du bénéficiaire».

[251] *Ibidem*.

zione il beneficiario dovesse fornire ai funzionari una sorta di documento o di tavoletta – questa sì personale – che ne attestasse il diritto.

Dalla scena II lato sinistro (loggia II) sembra arguirsi che in età costantiniana si procedesse a una annotazione su tavole cerate dell'avvenuto versamento, mentre nell'Ara degli Scribi la spatola tenuta in mano dallo scrivano di rango minore di fronte alla grande tavola poggiata sul tavolo fa presumere, come si è visto a suo luogo, che si procedesse piuttosto alla cancellazione di un dato o di un segno indicante il versamento da eseguire.

3

IL LUOGO DEI *CONGIARIA* COSTANTINIANI

Sull'identificazione del luogo di distribuzione della *liberalitas* di Costantino raffigurato nel suo Arco trionfale, diversi e non univoci sono stati gli orientamenti dottrinali, che si possono sinteticamente riassumere in due linee di pensiero: Rostovtzeff ha affermato che il *congiarium* si svolse nei 45 *ostia* della *porticus Minucia frumentaria*, L'Orange ha invece sostenuto che andasse identificato con il *Forum Iulium*, opinione condivisa dalla Virlouvet, che scrive: «parmi les monuments de Rome susceptibles de servir de théâtre aux libéralités impériales, aucun ne paraît mieux s'accorder avec le bas-relief [dell'Arco di Costantino] que le côté sud-ouest du *forum* de César, bordé de *tabernae*»[252].

A me sembra invece che le logge siano immaginate costruite in muratura solo nei lati, con la fronte aperta, le tende che ne chiudono il retro indicando probabilmente la mancanza di una parete in muratura, (mentre è più difficile ne vogliano suggerire la presenza).

È stato immaginato che per raggiungerle l'intestatario o beneficiario, arrivato il suo turno di riscossione del congiario, salisse una lunga scala, quale vediamo nelle immagini monetali (figg. 31-34).

---

[252] VIRLOUVET, *Tessera* 1995, pp. 65 ss.

Tuttavia nessuna scala si vede rappresentata nei rilievi costantiniani, dove però il pubblico in corteo sotto le logge ha fatto presumere che fosse necessaria.

In realtà, il beneficiario si trova sì più in basso delle logge, ma non quanto nelle iconografie monetali raffiguranti un *podium* molto elevato: pertanto nell'Arco di Costantino viene suggerito dall'iconografia che gli sarebbero bastati pochi gradini, se non alzare semplicemente un braccio, per raggiungere la loggia dei *dispensatores*, ed è per questo che è il beneficiario nel registro superiore è raffigurato sempre a mezzo busto, mentre si sporge o si affaccia alla loggia per ricevere il denaro versatogli.

Possiamo perciò pensare che l'apertura della loggia fosse collocata o immaginata a circa 1,50/1,75 m da terra, come sembra anche in alcune monete commemorative di *congiaria*, nelle quali, contrariamente al solito, non si vede una scala per ascendere ad un alto *podium*, ma un personaggio stante si limita a sollevare un bambino per porgerlo all'imperatore o all'imperatrice (figg. 37-39).

Anche nel rilievo di Marco Aurelio (fig. 5) un addetto si limita a sporgersi in basso dal podio, bastandogli protendere le mani per raggiungere la folla sottostante.

Se le logge raffigurano ambienti semichiusi, ritengo invece certo che la scena centrale, dove Costantino troneggia con il seguito dei cortigiani sul *balteum* restrostante (figg. 48, 53), e del tutto priva del sipario raffigurato sullo sfondo delle logge, sia rappresentata all'aperto e non in un luogo architettonicamente chiuso.

Altrimenti, dietro e dunque sopra il *balteum*, l'esistenza di un muro di fondo sarebbe stata segnalata da un espediente figurativo, come la rappresentazione di blocchi, quali vediamo infatti scanditi da riquadri a formare i pilastri verticali che reggono l'architrave dei due loggiati (ciascun loggiato comprendente due logge) a destra e sinistra di Costantino assiso in trono[253].

---

[253] Ciò sia detto indipendentemente dalle contrapposte ipotesi di riconoscervi il *forum Iulium* con le *tabernae* oppure la *porticus Minucia frumentaria* con gli *ostia* (cfr. sopra, nt. 243).

4

CONCLUSIONI

Il denaro che veniva elargito nel *congiarium* non era utilizzato esclusivamente a scopo alimentare, ma poteva essere speso anche per vestiario, alloggio ed istruzione, almeno prima della crisi economica del tardo II-III secolo: fu questa la risposta del sistema paternalistico del principato alla denutrizione diffusa nella popolazione, che gli esami antropologici sui corpi soprattutto di Ercolano[254], ben conservati nelle parti organiche, ci hanno fatto, con nostra sorpresa, conoscere in Italia, nel centro geografico dell'impero al suo apogeo[255].

Alla fine, si osserva che, mentre i provvedimenti fra Augusto e Traiano sono finalizzati ai bambini e ai ragazzi della *plebs urbana*, e fra gli adulti si annoverano solo plebei, in parallelo a quanto accade anche per l'*institutum* degli *Alimenta Italiae*, a partire, invece, dalla tarda età antonina e comunque ormai con Costantino sono previsti *congiaria* anche per gli *honestiores*, segno non solo dell'acuirsi della 'forbice sociale' con la scomparsa del ceto medio – quando Costantino abbandona la tradizionale e plurisecolare politica di difesa del denario d'argento, moneta dei ceti medi e bassi, in favore del *solidus aureus* – ma anche sintomo che evidentemente fra gli *honestiores* di Roma stessa l'intervento finanziario del *dominus* si rende necessario per il mantenimento nel rango. La scelta costantiniana del sostegno alla moneta aurea, monopolio dei *potentiores*, dovette precipitare nella miseria perfino molti di loro, che, al di là degli intenti celebrativi, vediamo accorrere, ad onta della *dignitas* della *toga contabulata*, a ricevere il

---

[254] Gli esami antropologici sul consistente ed eterogeneo complesso di vittime di Ercolano del 79 d.C. dimostrano le condizioni di vita lavorativa e di *deficit* nutrizionale anche nella popolazione infantile. In altri casi di nuclei familiari omogenei e numericamente ridotti, con tenore di vita medio-alto, come quello degli scheletri della Casa di Giulio Polibio a Pompei, l'ipoplasia dentaria è stata imputata non a denutrizione, ma ad infezioni: HENNEBERG – CIARALLO, *Skeletal material in Pompeii* 1996, pp. 249-259; HENNEBERG, *Skeletal Material* 2015, pp. 449-462, in part. pp. 456-457.

[255] PAPPALARDO, *Ercolano* 1994, p. 486; CAPASSO, *Paleobiologia* 2001.

soccorso imperiale con le facce più smarrite di quelle dei plebei, e che lo scultore dei rilievi dell'Arco non ha voluto o piuttosto saputo nascondere in quella che è chiamata 'l'età dell'angoscia'.

Che Costanino si sia occupato di soccorrere l'infanzia indigente non risulta solo dalla raffigurazione di bambini accollati al padre o accanto a lui nella teoria dei questuanti raffigurata nell'Arco: sappiamo infatti da due *leges* tràdite da CTh. 11.27. 1-2 di provvidenze in favore dei genitori in stato di povertà tale da dover esporre o sopprimere i figli. Una costituzione intesa ad evitare l'infanticidio, rivolta ad *Ablabius*, dispone dispone che il padre si presenti con i figli per richiedere sussidi dal *fiscus* o dalla *res priuata* del principe dichiarando il suo stato di indigenza; l'altra invece, indirizzata a *Menander*, dispone che il *fiscus Caesaris* (e non anche la *res priuata* del *princeps*) sovvenzioni chi si trovi nella necessità di sopprimere, esporre, o dare in pegno gli infanti[256]. Gli interventi costantiniani rispondono ad esigenze morali acuite dal sopravvento del cristianesimo ma la loro *ratio* è ovviamente molto diversa da quella degli imperatori del I e II secolo, essendo intervenuta nel 212, con la *Constitutio Antoniniana*, la concessione quasi universale della cittadinanza con la scomparsa della distinzione fra romani e provinciali.

La comparazione fra le fonti storiche, iconografiche (numismatiche e scultoree) ed epigrafiche (dalle legende monetali fino agli epitaffi) con la giurisprudenza e la normativa imperiale ha consentito di riconoscere come, a partire da Augusto, provvedimenti dapprima estemporanei in favore dei minori siano diventati programmatici e siano stati regolati da leggi o da *senatusconsulta* richiamati dalla sigla *SC* nella monetazione commemorativa di *congiaria*.

È sintomatico che fin dal principio, come l'Ara degli Scribi dimostra, l'erogazione dei *congiaria* in generale e di quelli per i *pueri* in ispecie sia stata organizzata con un sistema di censimento e di strutturazione amministrativa, di cui i bassorilievi sono la principale e più dettagliata fonte di conoscenza.

[256] Rinvio agli studi di Bianchini, Laurendi e Corbo citate a nt. 229.

Abbreviazioni e Bibliografia

AA.VV., *Misurare la terra* 1985 = AA. VV., *Misurare la terra: centuriazione e coloni nel mondo romano. Città, agricoltura, commercio: materiali da Roma e dal suburbio*, Modena 1985.

AMELOTTI, *Caratteri e fattori di sviluppo* 2003 = MARIO AMELOTTI, *Caratteri e fattori di sviluppo del diritto privato romano nel IV secolo*, in U. CRISCUOLO (CUR.), *da Costantino a Teodosio il Grande. Cultura, società diritto. Atti del convegno internazionale Napoli 26-28 aprile 2011*, Napoli 2003, pp. 7-15 = ID., *Altri scritti giuridici*, a cura di M. PAVESE, Genova 2014, pp. 222 ss.

ARANGIO-RUIZ, *La legislazione* 1938/1977 = VINCENZO ARANGIO-RUIZ, *La legislazione*, in *Augustus. Studi in occasione del Bimillenario augusteo*, Roma 1938, = ID., *Scritti di diritto romano,* Napoli 1977, III, pp. 101 ss.

ARCIPRETE, *Uno straordinario* 2000 = GIOVANNA ARCIPRETE – FRANCO ASTOLFI – LUCIA SUARIA, *Uno straordinario rinvenimento*, «Forma Urbis» V (2000) 10, pp. 14-22.

ARICÒ ANSELMO, *Comitia* 2012 = GIUSEPPINA ARICÒ ANSELMO, *Antiche regole procedurali e nuove prospettive per la storia dei* comitia, Torino 2012.

ARICÒ ANSELMO, *Dal Foro al Comizio* 2015 = GIUSEPPINA ARICÒ ANSELMO, *Dal Foro al Comizio. Un amichevole confronto di idee*, «AUPA» LVIII (2015), pp. 241-252.

ARNESE, Pollicitatio *e* usurae ex mora 2019 = AURELIO ARNESE, Pollicitatio *e* usurae ex mora *a margine di una recente raccolta di studi*, «Annali del Dipartimento Jonico» VII (2019), pp. 31- 38.

ASTOLFI, *La lex Iulia et Papia* 1996 = RICCARDO ASTOLFI, *La lex Iulia et Papia*, Padova 1996[4].

BARATTA, *Le rappresentazioni di* instrumenta scriptoria 2018 = GIULIA BARATTA, *Le rappresentazioni di* instrumenta scriptoria *e di* instrumentum inscriptum *negli affreschi della Villa.* [*c.d. del Cavalcavia di Salone*] *Studio preliminare*, in FELICE COSTABILE (cur.), *L'archetipo di formula processuale dell'Editto «*Iudex esto. Si parret...*»: l'invenzione di Mucio Scevola delle azioni con* intentio certa*. La scoperta degli affreschi della 'Villa del Giurista' sull'Aniene a Roma*, «MEP» XXI (2018) 23, pp. 26-38.

BARGAGLI – GROSSO, Fasti Ostienses 1997 = BARBARA BARGAGLI – CRISTIANA GROSSO, *I* Fasti Ostienses *documento della storia di Ostia*, Roma 1997.

BECKMANN, *The function* 2015 = MARTIN BECKMANN, *The function of the Attribute of* Liberalitas *and its use in the* Congiarium, «American journal of Numismatics» XXVII (2015), pp. 189-198.

BIANCHI BANDINELLI, *Romana arte* 1965 = RANUCCIO BIANCHI BANDINELLI, in *Enciclopedia Arte Antica* VI, Roma 1965, pp. 957-964 s.v. *Romana arte.*

BIANCHI BANDINELLI, *L'arte romana nel centro del potere* 1969 = RANUCCIO BIANCHI BANDINELLI, *L'arte romana nel centro del potere*, Milano 1969.

BIANCHI BANDINELLI, *Arte romana* 1976 = RANUCCIO BIANCHI BANDINELLI – MARIO TORELLI, *L'arte dell'antichità classica, Etruria-Roma*, scheda *Arte romana*, Torino 1976, p. 118.

BIANCHINI, *Provvidenze costantiniane* 2008 = MARIA GRAZIA BIANCHINI, *Provvidenze costantiniane a favore dei genitori indigenti: per una lettura di CTh. 11.27 1-2*, «Annali della Facoltà di Giurisprudenza di Genova» XX (1984-5), pp. 23-48, ora in MARIA GRAZIA BIANCHINI, *Temi e tecniche della legislazione tardo-imperiale*, Torino 2008, pp. 466-492.

BICCARI, *L'approvvigionamento granario di Roma* 2021 = MARIA LUISA BICCARI, *L'approvvigionamento granario di Roma in età tardoimperiale: il ruolo del* praefectus annonae «Studi Urbinati - Scienze Giuridiche, Politiche ed Economiche» LXXI (2021) 1-2, pp. 343–364.

BIONDI, *La legislazione di Augusto* 1939 / 1965 = BIONDO BIONDI, *La legislazione di Augusto*, in *Conferenze augustee nel bimillenario della nascita,* Milano 1939 = ID., *Scritti giuridici*, Milano 1965, II, pp. 77 ss.

BRADLEY, *Suetonius' Life of Nero* 1978 = KEITH R. BRADLEY, *Suetonius' Life of Nero. An Historical Commentary*, Brussels 1978.

BUCCINO, "*Morbidi capelli e acconciature sempre diverse*" 2011 = LAURA BUCCINO, "*Morbidi capelli e acconciature sempre diverse*". *Linee evolutive delle pettinature femminili nei ritratti scultorei dal secondo triumvirato all'età costantiniana*, in E. LA ROCCA – C. PARISI PRESICCE con A. LO MONACO (a cura di), *Ritratti. Le tante facce del potere (Catalogo della mostra, Roma, Musei Capitolini 10 marzo - 25 settembre 2011)*, Roma 2011. pp. 360- 383.

BUNSE, *Comitia consularia* 2005 = ROBERT BUNSE, *Die Chancenverteilung zwischen Patriziern und Plebejern in den* comitia consularia, «Göttinger Forum für Altertumswissenschaft» VIII (2005), pp. 17-30.

CALABI LIMENTANI, *Epigrafia* 2004 = IDA CALABI LIMENTANI, *Epigrafia latina*, Milano 2004.

CALABRÒ, *Noticina a Plinio J.* 2020 = MARIA ANTONIETTA CALABRÒ, *Noticina a Plinio J.,* Panegyricus *XXVI 1-3*, «MEP» XXIII (2020) 25, pp. 61-63.

CAPASSO, *Paleobiologia* 2001 = LUIGI CAPASSO, *I fuggiaschi di Ercolano. Paleobiologia delle vittime dell'eruzione vesuviana del 79 d. C.*, Roma 2001.

CAPOGROSSI COLOGNESI 2002 = LUIGI CAPOGROSSI COLOGNESI, *Persistenza e innovazione nelle strutture territoriali dell'Italia Romana. L'ambiguità di una interpretazione storiografica e dei suoi modelli*, Napoli 2002.

CAPOGROSSI COLOGNESI 2020 = LUIGI CAPOGROSSI COLOGNESI, *Roman Colonization in Twentieth-Century Historiography*, in *The Renaissance of Roman Colonization. Carlo Sigonio and the Making of Legal Colonial Discourse* (J. Pelgrom e A. Weststeijn edd.), Oxford 2020, pp. 138-171.

CARDINALI, *Frumentatio* 1962 = GIUSEPPE CARDINALI in E. DE RUGGIERO, *Dizionario Epigrafico di antichità romane*, vol. III, Roma 1962, pp. 225-315.

CARRIE, *Les distributions alimentaires* 1975 = JEAN-MICHEL CARRIE, *Les distributions alimentaires dans les cités de l'empire romain tardif*, «MEFRA» LXXXVII (1975) 2, pp. 995-1101.

CARY, *Dio* 1924 = EARNEST CARY, *Dio Cassius: Roman History* VII, *Books 56-60*, London - Cambridge 1924.

CASCIONE, *Antichi modelli familiari* 2014 = COSIMO CASCIONE, *Antichi modelli familiari e prassi corrente in eta proto imperiale,* in Ubi tu Gaius*. Modelli familiari, pratiche sociali e diritti delle persone nell'età del principato* (Atti Convegno di Copanello, 4-7 giugno 2008), Milano 2014, pp. 72 ss.

CAVALLO, *Scrivere* 2019 = GUGLIELMO CAVALLO, *Scrivere e leggere nella città antica*, Roma 2019.

CELS-SAINT-HILAIRE, *La République des* tribus 1995 = JANINE CELS-SAINT-HILAIRE, *La République des* tribus. *Du droit de vote et de ses enjeux aux débuts de la République romaine (495-300 av. J.-C)*, Toulouse 1995.

CHILVER, *Princeps et frumentationes* 1949 = GUY EDWARD FARQUHAR CHILVER, *Principes et frumentationes*, «The American Journal of Philology», (1949), pp. 7-21.

CHIAPPINI, Liberalitas *and* congiaria 2020 = ALESSIA CHIAPPINI, Liberalitas *and* congiaria *of Antoninus Pius. Typological analisys and chronological outline*, «Ancient numismatics. An international Journal» I (2020), pp. 87-112.

COHEN, *Description historique* 1880 = HENRY COHEN, *Description historique des monnaies frappées spus l'Empire romain,* I, Paris.

CIANCIO ROSSETTO, *Il sepolcro del fornaio Marco Virgilio Eurisace* 1973 = PAOLA CIANCIO ROSSETTO, *Il sepolcro del fornaio Marco Virgilio Eurisace a Porta Maggiore,* Roma 1973.

CIL = *Corpus Inscriptionum Latinarum.*

COARELLI, *Un frammento* 2021 = FILIPPO COARELLI, *Un frammento di* tabula frumentaria *e la* porticus Minucia, «MEFRA» CXXXIII (2021) 1, pp. 141-147.

COPPOLA, *La donna nella legislazione augustea* 2016 = GIOVANNA COPPOLA [BISAZZA], *La donna nella legislazione augustea. Profili giuridici e risvolti ideologici*, in *Scritti per Alessandro Corbino*, a cura di I. Piro, Tricase 2016, pp. 165-208.

CORBO, Paupertas 2006 = CHIARA CORBO, Paupertas. *La legislazione tardoantica*, Napoli 2006.

CORBO, *Traiano e gli* 'Alimenta' 2019 = CHIARA CORBO, *Traiano e gli* 'Alimenta': *profili ermenutici e sviluppi storici*, «MEP» XXII (2019) 24, pp. 181- 207 [pubblicato anche in «Teoria e storia del diritto privato» XXII (2019), pp. 1- 48.

COSTA, *Prestiti* 2019 = PAOLO COSTA, *Prestiti e pegni, tempio e città. Note sull'*ἐπίκριμα *efesino di Paolo Fabio Persico (44 d.C.)*, «AUPA» LXII (2019), pp. 83-132.

COSTABILE, *Caius Iulius Caesar* 2013 = FELICE COSTABILE, Caius Iulius Caesar. *Dal* dictator *al* princeps *dal* divi filius *al Cristo. Augusto e le maschere del potere*, Roma 2013.

COSTABILE, *Virtus* 2017 = FELICE COSTABILE, Virtus *ed* Eros. *Il prezzo della libertà nella legge romana: valore di schiavi e passione di ancelle*, in C. PARISI PRESICCE – O. ROSSINI (cur.), *Spartaco: schiavi e padroni a Roma*, Roma 2017, pp. 79-85.

COSTABILE, '*Tardoantico ed era costantiniana*' 2019 = FELICE COSTABILE, *'Tardoantico' ed era costantiniana: convenzione storiografica di un concetto moderno*, in G. D'ANGELO – M. DE SIMONE – M. VARVARO, *Scritti per il novantesimo compleanno di Matteo Marrone*, Torino 2019, pp. 103-104.

COSTABILE, *La Villa dei* Mucii 2021 = FELICE COSTABILE, *La Villa dei* Mucii *sull'Aniene e l'invenzione della Formula di Mucio Scevola nel processo civile romano: dibattito e progressi a tre anni dalla scoperta*, «MEP» XXIV (2021) 26, pp. 387-460.

CRACCO RUGGINI, *L'annona di Roma* 1985 = LELIA CRACCO RUGGINI, *L'annona di Roma nell'età imperiale*, in AA. VV., *Misurare la terra. Centuriazione e coloni nel mondo romano*, Modena 1985, p. 224-236.

CROISILLE, *L'instrumentum* 2010 = JEAN-MICHEL CROISILLE, *L'*instrumentum scriptorium *dans la peinture romaine*, in Y. PERRIN (éd.), *Neronia VIII. Bibliothèques, livres et culture écrite dans l'empire romain de César à Hadrien. Actes du VIII*[e] *Colloque international de la SIEN (Paris, 2-4. 10.*2008*)* [Collection Latomus 327], Bruxelles 2010, pp. 63-78.

D'AMATO – LILLI, *La tomba di Eurisace* 2015 = CLOTILDE D'AMATO – MARIA GABRIELLA LILLI, *La tomba di Eurisace*: *le memorie di un fornaio*, in AA.VV., *Nutrire l'impero. Storie di alimentazione da Roma a Pompei*, Roma 2015, pp. 78-79.

DE BIASI – FERRERO, *Cesare Augusto* 2003 = LUCIANO DE BIASI – ANNA MARIA FERRERO, *Gli Atti compiuti e i frammenti delle opere di Cesare Augusto Imperatore*, Torino 2003.

DE CARO, *La natura morta* 2001 = STEFANO DE CARO, *La natura morta nelle pitture e nei mosaici delle città vesuviane*, Napoli 2001.

DE MADDALENA, *Liberti* 2014 = LINDA DE MADDALENA, *Liberti scribae*, «RIDA» LXI (2014), pp. 131-147.

DURRY, *Pline le Jeune* 1938 = MARCELL DURRY, *Pline le Jeune. Panégyique de Trajan*, Paris 1938.

ERNOUT, *Textes latins arcaiques* 1957 = ALFRED ERNOUT, *Recueil de textes latins arcaiques*, Paris 1957.

ESPERANDIEU, *Congiarium* 1961 = ÉMILE ESPERANDIEU in E. DE RUGGIERO, *Dizionario epigrafico di antichità romane*, II.1, Roma 1961, pp. 599 ss.

FAYER, *La famiglia romana* I 1994 = CARLA FAYER, *La famiglia romana*, I, Roma 1994.

FAYER, *La famiglia romana* II 2005 = CARLA FAYER, *La famiglia romana*, II, Roma 2005.

FEZZI, *In margine alla legislazione frumentaria* 2001 = LUCA FEZZI, *In margine alla legislazione frumentaria di età repubblicana,* «Cahiers du Centre Gustave Glotz», XII (2001), pp. 91-100.

FIELD JR., *Lex Iulia et Papia* 1945 = JAMES A. FIELD JR., *The purpose of the* Lex Iulia et Papia Poppaea, «The classical Journal», XL (1945) 7, pp. 398-416.

FIORETTI, *Scribae* 2014 = PAOLO FIORETTI, Sribae. *Riflessioni sulla cultura scritta nella Roma antica* in D. BIANCONI (cur.), *Storia della scrittura e altre storie*, Roma 2014, pp. 337-362.

FITTSCHEN – ZANKER, *Katalog der römischen Porträts* 1983 = KLAUS FITTSCHEN – PAUL ZANKER, *Katalog der römischen Porträts in den Capitolinischen Museen und den anderen kommunalen Sammlungen der Stadt Rom*, III. *Text*, Mainz am Rhein 1983.

FITTSCHEN – ZANKER, *Katalog der römischen Porträts Tafeln* 1983 = KLAUS FITTSCHEN – PAUL ZANKER, *Katalog der römischen Porträts in den Capitolinischen Museen und den anderen kommunalen Sammlungen der Stadt Rom*, III. *Tafeln*, Mainz am Rhein 1983.

FORNARO, *Una vita* 1988 = PIERPAOLO FORNARO, *Una vita senza maschera: Suet. Aug. XCIX.1*, «CCC» (1988) 9, pp. 155-167.

FORNI, *Le tribù romane* 1985 = GIOVANNI FORNI, *Le tribù romane. III. 1, Le Pseudo-tribù*, Roma 1985.

FORNI G. – FORNI G. M. *Le tribù romane* 1996 = GIOVANNI FORNI – GIOVANNA MARIA FORNI, *Le tribù romane, I Tribules*, I. (A-B), Roma 1996.

FORNI G. – FORNI G. M. *Le tribù romane* 1999 = GIOVANNI FORNI – GIOVANNA MARIA FORNI, *Le tribù romane, I Tribules*, II. (C-I), Roma 1999.

FORNI G. – FORNI G. M. *Le tribù romane* 2007 = GIOVANNI FORNI – GIOVANNA MARIA FORNI, *Le tribù romane, I Tribules*, III. (L-S), Roma 2007.

FORNI G. – FORNI G. M. *Le tribù romane* 2012 = GIOVANNI FORNI – GIOVANNA MARIA FORNI, *Le tribù romane*, I *Tribules*, IV. (T-Y), Roma 2012.

FORNI G. (†), *Le tribù indici* 2020 = GIOVANNI FORNI (†), *Le tribù romane. Indici*, a cura di Lorenza Lastrico, Prefazione di Giovanni Mennella, Roma 2020.

FRANCO, *L'imperatore* 1990 = CARLO FRANCO, *L'imperatore è pronto a morire: ancora su Suet. Aug. 99.1,* «Lexis» (1990) 5/6, pp. 197-201.

FRANK, *Augustus' legislation* 1975 = RICHARD I. FRANK, *Augustus's Legislation on Marriage and Children*, «California Studies in Classical Antiquity» VIII (1975), pp. 41-52.

FRASCHETTI, *La conversione* 1999 = AUGUSTO FRASCHETTI, *La conversione. Da Roma pagana a Roma cristiana*, Bari 1999.

FRIGGERI, *Ara* 2012 = ROSSANA FRIGGERI, *Ara degli Scribi*, in R. FRIGGERI – M.G. GRANINO CECERE – G.L. GREGORI GORI (cur.), *Terme di Diocleziano: la collezione epigrafica*, Roma 2012, pp. 361 s.

FRIGGERI, *Collezione epigrafica* 2012 = R. FRIGGERI – M.G. GRANINO CECERE – G.L. GREGORI GORI (cur.), *Terme di Diocleziano: la collezione epigrafica*, Roma 2012.

GAGLIARDI, *I censimenti romani* 2023 = LORENZO GAGLIARDI, *I censimenti romani della tarda repubblica e il caso dei* proletarii, «BIDR» XIII (2023), pp. 63-79.

GIUNTI, *Il mare del diritto* 2016 = PATRIZIA GIUNTI, *Il mare del diritto. Legalità e famiglia in Roma antica*, in C. STORTI (cur.), *Le legalità e le crisi della legalità*, Torino 2016, pp. 1-20.

GNECCHI, *I medaglioni II* 1912 = FRANCESCO GNECCHI, *I medaglioni romani, descritti ed illustrati da Francesco Gnecchi*, Milano 1912.

GRECO, Census 2022 = GIOVANBATTISTA GRECO, Census. *Profili storico-giuridici delle attività di censimento a Roma*, Torino 2022.

GREGORI, *Tra numismatica ed epigrafia* 2001-2003 = GIAN LUCA GREGORI, *Tra numismatica ed epigrafia: a proposito di* congiarium, liberalitas, largitio *e* munificentia *sulle monete e nelle iscrizioni*, «Scienze dell'Antichità. Storia archeologia antropologia» XI (2001-2003), pp. 342-351.

GUARINO, *"De albo corrupto"* 1990 = ANTONIO GUARINO, *"De albo corrupto"*, «Index» XVIII (1990), pp. 275-283; riedito: ID., *Pagine di diritto romano*, IV, Napoli 1994, pp. 347 ss.

HAMBERG, *Studies in Roman Art* 1968 = GUSTAV HAMBERG, *Studies in Roman Imperial Art*, Roma 1968.

HARTMANN, *The scribes* 2020 = BENJAMIN HARTMANN, *The scribes of Rome. A cultural and Social History of the* Scribae, Cambridge 2020.

HENNEBERG – CIARALLO, *Skeletal material in Pompeii* 1996 = MACIEJ HENNEBERG & RENATA HENNEBERG – ANNA MARIA CIARALLO *Skeletal material from the house of* C. Iulius Polybius *in* Pompeii, *70 A.D*, «Human Evolution» XI (1996) 3-4, pp. 249-259.

HENNEBERG, *Skeletal material* 2015 = MACIEJ HENNEBERG & RENATA HENNEBERG, VINCENZINA CASTIGLIONE MORELLI – ERNESTO DE CAROLIS – CLAUDIO R. SALERNO (cur.), *Caio Giulio Polibio. Storie di un cittadino pompeiano*, Napoli 2015, pp. 449-462 (part. pp. 456-457).

HÖBENREICH, *Annona* 1997 = EVELYN HÖBENREICH, *Annona*, Graz 1997.

KLOFT, *Liberalitas principis* 1970 = Hans Kloft, Liberalitas principis. *Herkunft und bedeutung. Studien zur Prinzipatsideologie*, Kleve 1970.

KOLB – FUGMANN, *Tod in Rom* 2008 = ANNE KOLB – JOACHIM FUGMANN, *Tod in Rom. Grabinschriften als Spiegel römischen Lebens*, Mainz am Rhein 2008.

ILS = H. DESSAU, *Inscriptiones Latinae Selectae*, Berlin 1892-1916.

IMPALLOMENI, *L'editto degli edili curuli* 1955 = GIAMBATTISTA IMPALLOMENI, *L'editto degli edili curuli*, Padova 1955.

KOLENDO, Nomenclator 1989 = JERZY KOLENDO, Nomenclator. *Memoria del suo padrone o del suo patrono. Studio storico ed epigrafico*, Milano 1989.

LAMBRINO, *Les cultes indigènes* 1965 = SCARLAT LAMBRINO, *Les cultes indigènes en Espagne sous Trajan et Hadrien*, in *Les empereurs romains d'Espagne (Colloques internationaux du Centre National de la Recherche scientifique)*, Paris 1965, pp. 223-242.

LAMOTTE, *L'oeuvre de Trajan* 2007 = HELENE LAMOTTE, *L'oeuvre de Trajan en faveur des enfants de la plèbe romaine: un essai de politique nataliste?*, «MEFRA» CXIX (2007) 1, pp. 189-224.

LAURENDI, *Profili costituzionali* 2012 = ROSSELLA LAURENDI, *Profili costituzionali e orientamenti politici del principato di Claudio*, Reggio Calabria 2012.

LAURENDI, *Institutum Traiani* 2018 = ROSSELLA LAURENDI, *Institutum Traiani. Alimenta Italiae. Obligatio praediorum sors et usura*, Roma 2018.

LEBEK, Heminarium 1978 = WOLFANG D. LEBEK, Heminarium: *Quintilian* Institutio Oratoria 6.3.52 *and* CIL *IV 10566*, «Harvard Studies in classical Philology» LXXXII (1978), pp. 271-275.

LEPORE, *Una minima postilla* 2021 = PAOLO LEPORE, *Una minima postilla a proposito dell'*incipit *di D. 50.12. 14*, «Jus-online» V (2021), pp. 37-61.

LIDDELL – SCOTT 1948 = HENRY G. LIDDELL – ROBERT SCOTT, *A Greek-English Lexicon*, I, Oxford 1948.

LO CASCIO, *Le procedure* 1997 = ELIO LO CASCIO, *Le procedure di* recensus *dalla tarda repubblica al tardo antico e il calcolo della popolazione di Roma*, in AA. VV., *La Rome impériale. Démographie et logistique (Actes de la table ronde de Rome, 25.03.1994)*, Roma 1997, pp. 3-76.

LO CASCIO, *Il* princeps *e il suo impero* 2000 = ELIO LO CASCIO, *Il* princeps *e il suo impero. Studi di storia amministrativa e finanziaria romana*, Bari 2000.

LO CASCIO, *Alimenta Italiae* 2000 = ELIO LO CASCIO, *Alimenta Italiae*, in J. GONZÁLES (ed.), *Trajano, Emperador de Roma*, Roma 2000, pp. 287-312.

LO CASCIO, *La popolazione* 2000 = ELIO LO CASCIO, *La popolazione*, in ID. (cur.), *Roma imperiale. Una metropoli antica*, Roma 2000, pp. 17-69.

LÓPEZ BARJA, *Epigrafia latina* 1993 = PEDRO LÓPEZ BARJA, *Epigrafia latina. Las inscripciones romanas desde los orígenes al siglo III d.C.*, Santiago de Compostela 1993.

L'ORANGE – VON GERKAN, *Der spätantike Bildschmuck* 1939 = HANS PETER L'ORANGE – ARMIN VON GERKAN, *Der spätantike Bildschmuck des Kostantinsbogens*, Berlin 1939.

LURASCHI 1979 = GIORGIO LURASCHI, *Comum oppidum*, Como 1979.

LURASCHI 2001[2] = GIORGIO LURASCHI, *Storia di Como antica*, II, Como 2001[2].

MAGANZANI, *L'*obligatio praediorum 2014 = LAURETTA MAGANZANI, *L'*obligatio praediorum *nella* Tabula Alimentaria *veleiate*: *profili tecnico-giuridici*, in *Atti IV Convegno Internazionale di Studi Veleiati* (*Veleia - Lugagnano Val'Arda, 20-21.09.2013*), a cura di P.L. DALL'AGLIO, C. FRANCESCHELLI, L. MAGANZANI, Bologna 2014, pp. 157-167.

MAININO, *Tabula Alimentaria* 2019 = GIANLUCA MAININO, *Studi Giuridici sulla* Tabula Alimentaria *di Veleia*, Milano 2019.

MANCINI, *Liberalitas Augusti* 2011 = LOREDANA MANCINI, Liberalitas Augusti. *Immagine e ideologia della generosità imperiale* «Revista Ética e Filosofia Política» II (2011) 14, pp. 11- 33.

MANCUSO, *Praetoris edicta* 1983 = GAETANO MANCUSO, «Praetoris edicta». *Riflessioni terminologiche e spunti per la ricostruzione dell'attività edittale del pretore in età repubblicana*, «AUPA» XXXVII (1983), pp. 305-443, apparso anche come monografia: Palermo 1983, pp. 1-139.

MARCATTILI, *L'altare del* vicus Sandaliarius 2015 = FRANCESCO MARCATTILI, *L'altare del* vicus Sandaliarius *agli Uffizi. Culto compitale e politiche dinastiche nel 2 a.C.*, «BABESH» XC (2015), pp. 125-137.

MASI DORIA, Bona libertorum 1996 = CARLA MASI DORIA, Bona libertorum. *Regimi giuridici e realtà sociali*, Napoli 1996.

MASI DORIA, *Matrimoni e tresche libertine* 2005 = CARLA MASI DORIA, *Matrimoni e tresche libertine. Qualche osservazione sul rapporto patrono-liberta*, in AA.VV., *Marriage Ideal - Law - Practice. Proceedings of a Conference held in Memory of H. Kupiszewski*, Warzaw 2005, pp. 123-140.

MAYER I OLIVÉ, *Tanta, quanta sunt* 2019 = MARC MAYER I OLIVÉ, Tanta, quanta sunt *(Plin.,* Pan. *25,1). La actitud de Plinio ante la justicia y la personalidad de Trajano,* «MEP» XXII (2019) 24, pp. 139-166.

MAZZA, *'Optimus princeps': epilegomena* 2019 = MARIO MAZZA, Optimus princeps: epilegomena *ad una nuova critica della Giustizia di Traiano,* «MEP» XXII (2019) 24, pp. 357-379.

MOLS – MOORMANN, *Ex parvo crevit* 1993 -1994 = STEPHAN T.A.M. MOLS – ERIC M. MOORMANN, Ex parvo crevit. *Proposta per una lettura iconografica della Tomba di* Vestorius Priscus *fuori Porta Vesuvio a Pompei,* «Rivista di Studi Pompeiani» VI (1993-1994), pp. 15-52.

MOMMSEN, *Die römischen Tribus* 1844 = THEODOR MOMMSEN, *Die römischen Tribus in administrativer Beziehung,* Altona 1844.

MOMMSEN, *Droit public* 1889 = THEODOR MOMMSEN, *Le droit public romain,* Paris 1889.

MOSINO, *Funzionario delle udienze* 2017 = FRANCO MOSINO, *Il liberto* Marcus Aurelius Reginus, *funzionario delle udienze nel Palazzo Imperiale a Roma,* «MEP» XX (2017) 22, pp. 121-122.

MROZEK, *Die epigraphische Streuung* 2000 = STANISLAW MROZEK *Die epigraphische Streuung des Denars und Sesterzes in Italien und den westlichen Provinzen der frühen römischen Kaiserzeit,* «Ancient Society» XXX (2000), pp. 115-134.

NICOLET, *Tessères* 1976 = CLAUDE NICOLET, *Tessères frumentaires et tessères de vote,* in *Mélanges Heurgon,* Rome 1976, pp. 695-716.

PACI, *Fasti Cuprenses* 1993 = GIANFRANCO PACI, *Fasti Cuprensi ed origine della città romana di Cupra Marittima,* «Picus» XIII (1993) suppl. 2, pp. 71-82.

PALAZZOLO, *La «*propositio in albo*»* 1984 = NICOLA PALAZZOLO, *La «*propositio in albo*» degli «*edicta perpetua*» e il '*plebiscitum Cornelium*' del 67 a.C.,* in *Sodalitas. Scritti in onore di Antonio Guarino,* V, Napoli 1984, pp. 2427 ss. (ora in ID., *IVS E TEXNH. Dal diritto romano all'informatica giuridica,* I, *Diritto romano,* Torino 2008, pp. 225 ss.).

PANCIERA – VIRLOUVET, *Les archives de l'administration du blé public à Rome* 1998 = SILVIO PANCIERA – CATHERINE VIRLOUVET, *Les archives de l'administration du blé public à Rome à travers le témoignage des inscriptions* 1998, in *La mémoire perdue. Recherches sur l'admini-stration romaine.* Actes des tables rondes de Rome (mai 1994-1995), Rome 1998, pp. 247- 266.

PAPPALARDO, Ercolano 1994 = UMBERTO PAPPALARDO, *Ercolano in Enceclopedia dell'arte antica classica orientale,* III, Roma 1994, pp. 484- 491.

PAUFLER, *Quaestio antiquaria* 1814 = M. CHRISTIANUS HENRICUS PAUFLER, *Pueris et Puellis Alimentariis,* Dresdae 1814.

PENNESTRÌ, *Distribuzioni* 1989 = SERAFINA PENNESTRÌ, *Distribuzioni di denaro e viveri su monete e medaglioni di età imperiale: i protagonisti, gli scenarî*, «MEFRA» CI (1989) 1, pp. 289-315.

PETRUCCI, *Diritto privato romano* 2022 = ALDO PETRUCCI, *Manuale di diritto privato romano*, Torino 2022.

PLATTNER, *Die Anaglypha Hadriani* 1998 = GEORG A. PLATTNER, *Die Anaglypha Hadriani in Rom*, «Forum Archaeologiae. Zeitschrift für klassische Archäologie» VI (1998) 7 [Diplomarbeit on line].

POLITO, *L'ara di Domizio Enobarbo* 2021 = EUGENIO POLITO, *L''Ara di Domizio Enobarbo'. Un monumento fra Oriente e Occidente*, «Bullettino della Commissione Archeologica Comunale di Roma» CXXII (2021), pp. 39-60.

PURCELL, *The* Apparitores 1983 = NICHOLAS PURCELL, *The* Apparitores. *A study in social mobility*, «Papers of the British School at Rome» LI (1983), pp. 125-173.

PURCELL, *The ordo scribarum* 2001 = NICHOLAS PURCELL, *The* ordo scribarum*: a study in the loss of memory*, «MEFRA» CXIII (2001) 2, pp. 633-674.

REDUZZI-MEROLA, *Leges frumentariae* 1984 = FRANCESCA REDUZZI - MEROLA, Leges frumentariae *da Gaio Gracco a Publio Clodio*, in Sodalitas. *Studi in onore di Antonio Guarino*, II, Napoli 1984, pp. 533- 559.

RIC = HAROLD MATTINGLY ET ALII, *The Roman Imperial Coinage*, I-X, London 1923-1994.

RSC = H. A SEABY & D. R. SEAR, *Roman Silver Coins*, London 1978.

ROSBOROUGH, *An epigraphic commentary* 1920 = RUSKIN R. ROSBOROUGH, *An epigraphic commentary on suetoniuss life of Gaius Caligula*, Philadelphia (Pennsylvania) 1920.

ROSSI, *Librarius* 1958 = RUGGIERO FAURO ROSSI, in ETTORE DE RUGGIERO, *Dizionario epigrafico di antichità romane*, IV, (fasc. 30), Roma 1958, pp. 954-965.

ROSTOWZEW, *Sylloge* 1903 = MICHAIL I. ROSTOWZEW, *Tesserarum urbis Romae et suburbi plumbearum Sylloge*, St. Pétersburg 1903.

ROSTOWZEW, *Römische Bleitesserae* 1905 = MICHAIL I. RSTOWZEW, *Römische Bleitesserae Ein Beitrag zur Sozial - und Wirtschaftsgeschichte der römischen Kaiserzeit*, Leipzing 1905.

ROTONDI, *LPPR* 1912 = GIOVANNI ROTONDI, *Leges publicae populi romani*, Milano 1912 (reprint. Hildsheim 1966).

ROTONDI, *L'ara* 2010 = ANTONELLA ROTONDI, *L'ara degli scribi e i colombari di via di Porta San Sebastiano*, in DANIELE MANACORDA – RICCARDO SANTANGELI VALENZANI (a cura di), *Il primo miglio della via Appia a Roma*, Roma 2010, pp. 137-152.

ROWAN, *Imaging the Golden Age* 2013 = CLARE ROWAN, *Imaging the Golden Age: the coinage of Antoniunus Pius*, «Papers of the British School at Rome» LXXXI (2013), pp. 211-246.

RÜDIGER, *Die Anaglypha Hadriani* 1973 = ULRICH RÜDIGER, *Die Anaglypha Hadriani*, «Antike Plastik» XII (1973), pp. 161-173.

RUSCA, *Plinio il Giovane* 1963 = LUIGI RUSCA, *Carteggio con Traiano e Panegirico di Traiano*, Milano 1963.

RUSSEL, *The altars of the* Lares Augusti 2020 = AMY RUSSEL, *The altars of the* Lares Augusti*: a view from the streets of Augustan iconography*, in AMY RUSSELL – MONICA HELLSTRÖM (eds.), *The Social Dynamics of Roman Imperial Imagery*, Cambridge 2020, pp. 25-51.

SACCOCCIO, Victus *e* alimenta = ANTONIO SACCOCCIO, Victus *e* alimenta *nelle fonti giuridiche romane*: *storia di un'evoluzione dogmatico-concettuale*, «Roma e America» XXXIII (2012), pp. 139-153.

SANDBERG, *Magistrates and Assemblies* 2001 = KAJ SANDBERG, *Magistrates and Assemblies. A Study of Legislative Practice in Republican Rome*, Roma 2001.

SAPELLI, *La ritrattistica ufficiale romana* 2005 = MARINA SAPELLI, MANCONI-CATALLI (a cura) *La ritrattistica ufficiale romana da Cesare ai Severi*, in *Le immagini del potere Il potere delle immagini*, Perugia 2005, pp. 32-43.

SESTON, *Les Anaglypha Trajani* 1927 = WILLIAM SESTON, *Les Anaglypha Trajani du Forum romain et la politique d'Hadrien en 118*, «MEFR» XLIV (1927), pp. 154-183.

SIMON, *Arco di Traiano* 1994 = ERIKA SIMON, *Arco di Traiano*, in *EAA*, II, Roma 1994, pp. 661-668 s.v. *Benevento*.

SOLAZZI, *Tutela* 1925/1960 = SIRO SOLAZZI, *Studi sulla* tutela, «Pubblicazioni della Facoltà di Giurisprudenza della R. Università di Modena» IX 1925 = ID., *Scritti di diritto romano*, III. *(1925-1960)*, Modena 1960.

SOLIN, *Beiträge* 1971 = HEIKKI SOLIN, *Beiträge zur kenntnis der griechischen Personennamen in Rom*, I, Helsinki - Helsingfors 1971.

SORACI, *Dalle* frumentationes *alle distribuzioni di pane* 2006 = CRISTINA SORACI, *Dalle* frumentationes *alle distribuzioni di pane. Riflessioni su una riforma di Aureliano*, «Quaderni catanesi di studi antichi e medievali» IV-V (2006), pp. 345-437.

SPAGNUOLO VIGORITA, *Casta domus* 2010 = TULLIO SPAGNUOLO VIGORITA, *Casta domus*, Napoli 2010[3].

SPANO, *La tomba dell'edile* 1943 = GIUSEPPE SPANO, *La tomba dell'edile C. Vestorio Prisco in Pompei*, «Memorie dell'Accademia Nazionale dei Lincei» VII (1943) 3, pp. 237-315.

SPINOLA, *Il congiarium* 1990 = GIANDOMENICO SPINOLA, *Il* congiarium *in età imperiale. Aspetti iconografici e topografici* «RdA» VI (1990), pp. 7- 61.

STRACK, *Untersuchungen* 1933 = PAUL L. STRACK, *Untersuchungen zur römischen Reichsprägung des zweiten Jahrhunderts*, II. *Die Reichsprägung zur Zeit des Hadrian*, Stuttgart 1933.

SYME, *The imperial finances* 1930 = RONALD SYME, *The imperial finances under Domitian, Nerva and Trajan*, «JRS» XX (1930), pp. 55-70.

TANTIMONACO, *La formula* 2013 = SILVIA TANTIMONACO, *La formula* Dis Manibus *nelle iscrizioni della* Regio X, «Polymnia. Collana di Scienze storiche dell'Antichità. Studi di archeologia» V (2013), pp. 261-278.

TAUBENSCHLAG, *The Law* 1955 = RAFAL TAUBENSCHLAG, *The Law of Greco-Roman Egypt in the light of the Papyri (332 B.C.-640 A.D.)*, Warszawa 1955.

TELLEGEN-COUPERUS, Tutela mulierum 2006 = OLGA E. TELLEGEN-COUPERUS, 'Tutela mulierum'. *Un institutione rationnelle*, «Revue historique de droit français et étranger LXXXIV (2006) 8, pp. 423-435.

TORELLI, *The Anaglypha Traiani* 1982 = MARIO TORELLI, *The Anaglypha Traiani and the Chastworth relief*, in ID., *Typology and structure of roman historical reliefs*, Ann Arbor 1982, pp. 89-118.

TORELLI, *Atrium Minervae* 2004 = MARIO TORELLI, Atrium Minervae. *Simbologia di un monumento e cerimonialità del* congiarium, «ARG» VI (2004), pp. 63-109.

UZZI, *The Power of Parenthood* 2007 = JEANNINE DIDDLE UZZI, *The Power of Parenthood in Official Roman Art*, «Hesperia» Supplements, XLI (2007), pp. 61-81.

VAN BERCHEM, *Les distributions* 1939 = DENIS VAN BERCHEM, *Les distributions de blé et d'argent a la plèbe romaine sous l'empire*, Genève 1939.

VIDMANN, *Fasti Ostienses* 1982 = LUDWIG VIDMANN, *Fasti Ostienses*, Praha 1982^2.

VIRLOUVET, *Tessera* 1995 = CATHERINE VIRLOUVET, Tessera frumentaria. *Les procédures de la distribution du blé public à Rome*, Roma 1995 [BEFAR 286].

VIRLOUVET, *La plèbe frumentaire* 2009 = CATHERINE VIRLOUVET, *La plèbe frumentaire dans les témoignages épigraphiques*, Roma 2009.

VIRLOUVET, Annona *e* frumentationes 2015 = CATHERINE VIRLOUVET, Annona *e* frumentationes, in *Nutrire l'impero. Storie di alimentazione da Roma a Pompei.* Roma 2015, pp. 75- 83.

ZABLOCKA, *Il 'ius trium liberorum'* 1988 = MARIA ZABLOCKA, *Il 'ius trium liberorum' nel diritto romano*, «BIDR» CI (1988), pp. 361 ss.

ZANNINI, *Tutela mulierum* 1976 = PIERLUIGI ZANNINI, *Studi sulla* tutela mulierum. 1. *Profili funzionali*, Torino 1976.

ZEVI, *L'identificazione* 1976 = FAUSTO ZEVI, *L'identificazione del tempio di Marte "in Circo" e altre osservazioni*, in *L'Italie préromaine et la Rome républicaine. Mélanges offerts à Jacques Heurgon*, II, Roma 1976, pp. 1047-1064.

ZEVI, *Per l'identificazione* 1993 = Fausto Zevi, *Per l'identificazione della* Porticus Minucia frumentaria, «MEFRA» CV (1993) 2, pp. 661-708.

ZEVI, *Ara* 2012 = FAUSTO ZEVI, *Ara degli Scribi*, in ROSANNA FRIGGERI – MARIA GRAZIA GRANINO CECERE – GIAN LUCA GREGORI (a cura di), *Terme di Diocleziano: la collezione epigrafica*, Roma 2012, pp. 355-361.

Finito di stampare nel mese di giugno 2024
per conto de «L'ERMA» di BRETSCHNEIDER®
da Centro Stampa di Meucci Roberto - Città di Castello (PG)